改訂版

PTA応援マニュアル

今すぐ役立つ

CD付

監修 濱田　博文　筑波大学教授　著作 公益社団法人日本PTA全国協議会

挨拶文例・各種案内文のデータ収録CD付！

様々な場面を想定した挨拶文例と、各種会合等の案内フォーマットのデータをCDに収録！編集して使えるので、手軽に使えてとても便利!!

20 周年年次表彰式

日本 PTA 結成式

40 周年年次表彰式

35 周年年次表彰式

60 周年年次表彰式

50 周年年次表彰式

昭和 31 年米国 PTA 視察団

第 1 回全国大会（三重県・宇治山田市）

第 20 回全国大会

成人教育全国研究大会（昭和 36 年）

PTA 愛唱歌集

稲葉修文部大臣と懇談する中富文子会長（当時）

子どもたちの教育環境を守るため、
国への要望活動

全国８千人の会員が一斉に集う全国大会

PTA に貢献した方々を讃える年次表彰式

全国大会

年次表彰式

国内研修事業

調査研究出版事業

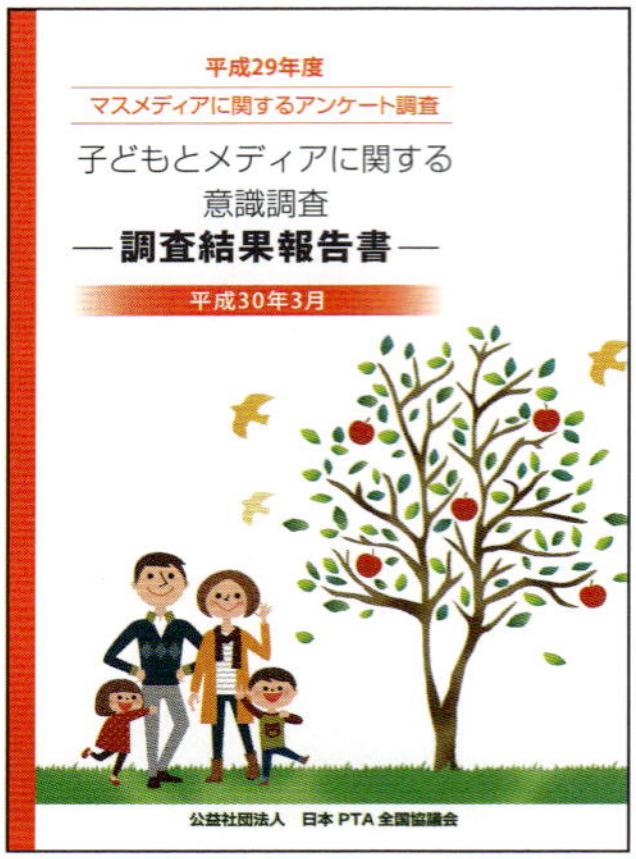
平成29年度
マスメディアに関するアンケート調査
子どもとメディアに関する
意識調査
—調査結果報告書—
平成30年3月
公益社団法人 日本PTA全国協議会

平成29年度
教育に関するアンケート調査
教育に関する
保護者の意識調査
—調査報告書—
平成30年3月
公益社団法人 日本PTA全国協議会

はじめまして PTA
知り合いが増えた
子どものことがよくわかる
学校が身近に感じる
公益社団法人 日本PTA全国協議会

今すぐ!
家庭で できる
いじめ対策ハンドブック
Safety zone
公益社団法人 日本PTA全国協議会

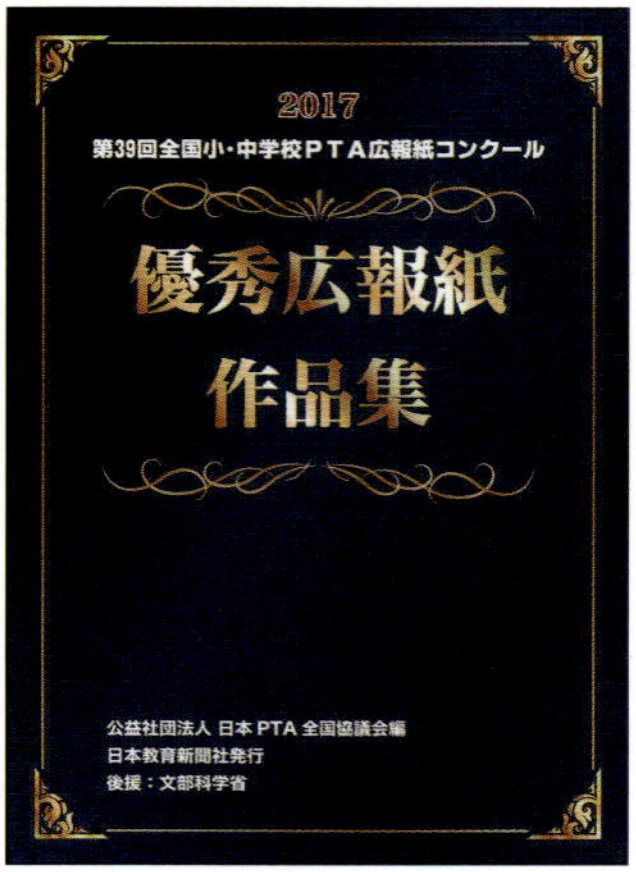
2017
第39回全国小・中学校PTA広報紙コンクール
優秀広報紙
作品集
公益社団法人 日本PTA全国協議会編
日本教育新聞社発行
後援：文部科学省

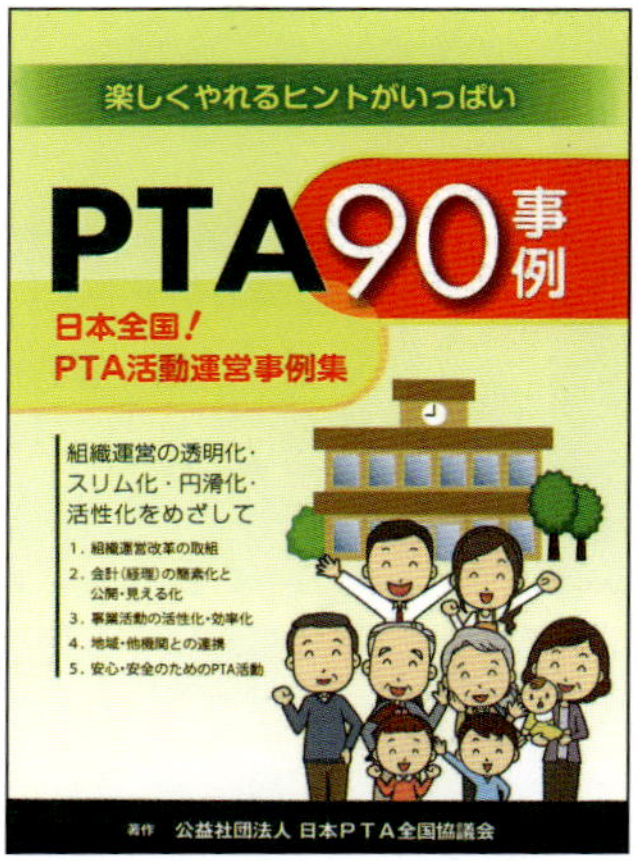
楽しくやれるヒントがいっぱい
PTA90事例
日本全国！
PTA活動運営事例集
組織運営の透明化・
スリム化・円滑化・
活性化をめざして
1. 組織運営改革の取組
2. 会計（経理）の簡素化と
公開・見える化
3. 事業活動の活性化・効率化
4. 地域・他機関との連携
5. 安心・安全のためのPTA活動
著作 公益社団法人 日本ＰＴＡ全国協議会

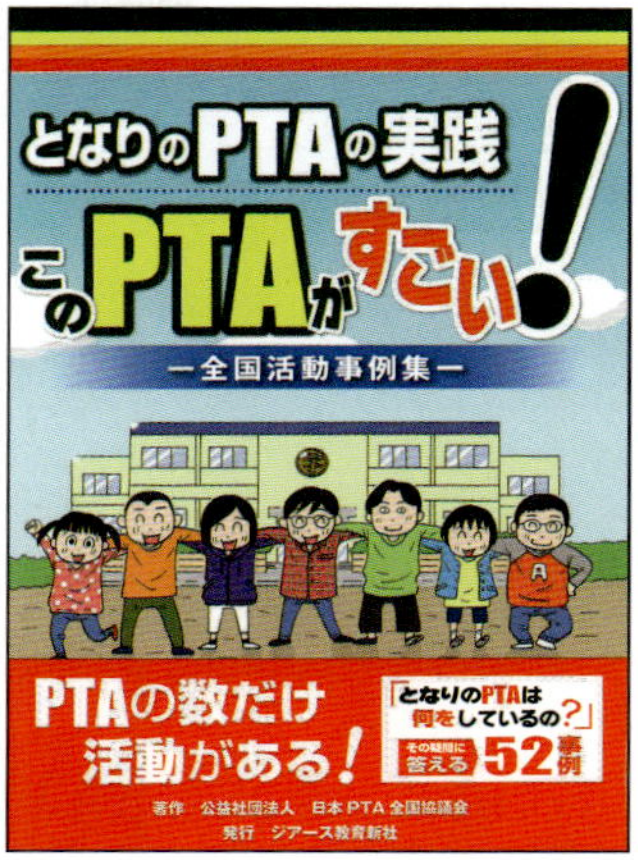
となりのPTAの実践
このPTAがすごい！
ー全国活動事例集ー
PTAの数だけ
活動がある！
「となりのPTAは
何をしているの？」
その疑問に答える52事例
著作 公益社団法人 日本PTA全国協議会
発行 ジアース教育新社

自然災害からの学びと教訓
PTA
防災実践
事例集
監修 大矢根 淳 専修大学教授 著作 公益社団法人 日本ＰＴＡ全国協議会
もしものとき、自分の命を守れるように、
大切な人を守れるように、
今、子どもたちとともに
防災活動を進めよう！！
被災地の防災の取り組みから
学ぶ、命の教育とPTA・学校・
地域・行政の連携した取り組み
日本PTAだからこそ
まとめられた
防災の取り組み 40事例

Let's
PTA研修
「基本」マニュアル
ー できることを、できるところから ー
編集・著 高尾 展明
PTA活動の主体性を進めるテキスト
PTAと社会教育の基礎を学ぶ
子どもをとりまく法律を知る
単位PTA活動研修テキスト
ジアース教育新社

地域のパトロール

広報紙作成のようす

運動場を使ってのイベント

ベルマーク活動のようす

PTAと地域が協力した伝統行事

PTAの歌

春日紅路 作詞
西條八十 補詞
古関裕而 作曲

1
春風そよそよ　吹く窓に
小鳥もくるくる　とんでくる
明るい窓よ　ほほえむ顔よ
さくらの花咲く　春の唄
みんなでいっしょに　うたおうよ

2
みどりに輝く　学校が
明るい家庭を　よんでいる
希望の町よ　希望の村よ
文化の光に手をのべて
子どもといっしょに　進もうよ

3
あふれる力に　健康に
子どもがよんでる　おどってる
みのりの秋よ　もみじの丘よ
こころも楽しい　ハイキング
子どもといっしょに　おどろうよ

4
世界を結んだ　大空に
ひびいて子どもの　胸が鳴る
あしたの鐘よ　夕べの鐘よ
平和ですみよい　日本を
みんなでいっしょに　つくろうよ

監修にあたって　―つながり合い、支え合うＰＴＡ活動のために―

入学の喜びとＰＴＡへの不安

小学校への入学は、子どもたちの人生にとって一大イベントです。ご両親のみならず、おじいちゃん、おばあちゃんや親戚の人たちからも祝福を受けて、子どもは大きな期待に胸を膨らませていることでしょう。第一子のお子さんであれば、それは親にとっても大きな節目です。いつか自立した社会人として生きていくわが子が、少し一人前になった気分でいろいろなことを学んでいく。どんな先生方や友だちと出会い、どのようにして素晴らしい経験を重ねていくのか。子育ての新しいステップに、親としての希望は増していくことでしょう。

そのいっぽうで、新たな不安や悩みも出てきます。

「担任の先生はどんな方だろう？」

「わが子は学校の勉強についていけるかなあ？」

「クラスでの生活や友だち関係はうまくいくかなあ？」

考え始めると、思い浮かぶ不安はきりがありません。そして、ＰＴＡも、そのタネの一つではないでしょうか。

「ＰＴＡの活動ってめんどうくさそうだなあ。」

「ＰＴＡの委員にならなくても済むようにしたいなあ。」

「他の親御さんたちとの関係で気遣いするのは嫌だなあ。」

入学式や最初の学級懇談会を前にして、こんなことをつぶやいている方は少なくないと思います。じつは私自身も、長女が小学校に通うようになった頃、ＰＴＡから少し距離を置こうとしていました。

私は大学で教育学の研究をしています。教育学といっても、私の専門は子どもの学習や授業の方法などを直接の対象にしているわけではありません。学校が子どもたちにとって充実した学びを得られる場であるために、先生たち（校長先生、副校長先生、教頭先生等を含めて）の意欲を高めたり、親や地域の人たちと学校との協力態勢をつくるにはどうすればよいか、ということを様々な角度から考える分野です。ですから、親と先生でつくるＰＴＡという組織は、私にとっては研究の対象の一つにあたります。それだけに、なんとなくＰＴＡの中に入っていくことをためらう自分がいました。今から思えば、一般の方々よりもＰＴＡや学校のことを書物などで学んでいただけに、めんどうなことに首を突っ込むことになりはしないかと、不安を抱いていたのかもしれません。

ためらい、戸惑い、そして思い切り

そんな私が、ひょんなことからＰＴＡ会長を引き受けてしまいました。私には三人の子どもがいます。上の二人が女子、いちばん下が男子です。もう三人とも成人式を終えていますが、その三人が一年間だけ、同時に小学校に通っている時期がありました（六年生、四年生、一年生）。もうすぐ三人目の子が小学校に入学するから一段落、というその年のはじめ頃、自宅に一本の電話がかかってきました。かけてきた方は小学校ＰＴＡの副会長さんで、次年度の会長として私が推薦されている、という話でした。

その学校のＰＴＡは、会長をはじめとするどの委員・役員も、任期は一年限りとされています。親の大半はいわゆる「新住民」。この地域の出身者はごくわずかで、日本全国、なかには海外から仕事の関係でこの地域にやってきた方々が多くを占めています。私自身も含めて、親にとってこの地域は郷里でもなく、学校は母校でもありません。だから、ＰＴＡの役員選びは簡単ではありません。とくに会長の仕事を自らすんでやりたい、という人材はまずいないという状況でした。

恥ずかしい話ですが、教育学者である私も、わが子の学校に足を運ぶ機会といえば、入学式と運動会、それに授業参観日くらいのもの。わが子の友だちの顔と名前も知らないし、校舎の中がどんなつくりになっているかさえわからないありさまでした。ですから、副会長さんから電話をいただいたとき、「これは丁重にお断りするしかない」と思いました。

ところが、その場ですぐにお断りすることをためらう自分がいました。副会長さんからの電話はたしか夜九時頃だったのですが、職場から私に電話をかけてこられたのでした。「夜遅くまで仕事で忙しいにもかかわらず、小学校のＰＴＡ活動を献身的になさっているのだなあ」と思い、なんとなく後ろめたさのような

ものを感じてしまったのです。それでつい、「少し考えてからお返事します」と言ってしまいました。

電話を切った後、もう一つの理由で、断ることへのためらいが増すことになりました。

このPTAでは、「子ども一人につき1役」を原則としていて、データベース委員会で各家庭の委員歴を記録するシステムになっていました。通常の委員は「1役」、本部役員の場合は「2役」とカウントされます（それにしてもよく考えられた仕組みだと、今でも感心します）。わが家は長女の分を妻が1役果たしてはいたものの、あと二人つまり2役分を務めなければならない状況にありました。次年度の役員を探す副会長さんは、そのデータベースに基づいて「有力候補者」をピックアップするというわけです。もちろん、そんな事情に疎かった私は、妻から詳しく説明を受けることで状況を把握したのでした。

この年に長男が入学すると、子どもたち三人が同時に小学校に通う生活に入ります。電話をくださった副会長さんの話を思い起こしつつ、学校にわが子全員がお世話になる一年間のことを考えると、簡単に断るわけにはいかないな、という気持ちが強くなりました。私が会長を一年間務めれば「2役」の責任を果たすことになる、という妻の強いプッシュももちろんありました。

こうして、私は思い切って会長を引き受けることになりました。

やってみることから生まれる、つながりと広がり

会長を務めた一年間は、目がまわるような慌ただしさでした。本部役員会、運営委員会、PTA総会、子供会との連絡、危険箇所の巡視、様々な学校行事への参加、各委員会が出す文書の内容確認など、予想をはるかに超えた仕事が次々にやってきました。あまり想定していなかったのは、「P連」関係の会議や行事でした。市P連、県P連、地域ブロックで行われる会議や研究大会、そして日P全国大会など、なにがなんだかわからないまま、目の前の仕事に対応する日々でした。

でも、幾度となく校長室を訪れ、職員室で先生方と何気ない会話を交わす機会に恵まれました。当時の先生方とは、以後もほんとうに親しくおつきあいさせていただいています。PTA会議室にも頻繁に訪れましたが、そのたびにいろいろな委員会の活動をしている保護者の方々と知り合うことができました。地域の子供会の方々、それに近隣の小学校、中学校のPTA役員の人たちとも情報交換する機会がありました。夏

休みが終わってすぐの土曜日に、「子どもと先生方と一緒に学校の草刈りを！」という呼びかけに、想像以上の人たちが集まったのを目にしたときには、同じ地域に暮らす人々が一つのコミュニティになることの素晴らしさを実感しました。

おまけ、と言っては語弊がありますが、長男の入学式と長女の卒業式で壇上から祝辞を述べさせていただいたことも、印象深く思い起こされます。

こうして自分のつたない経験を振り返ってみますと、校長先生をはじめとするたくさんの先生方とのつながりと信頼を築くことができたのは、とても幸せな経験でした。そして、お互いに顔も名前も知らなかった保護者どうしが、同じ学校に通う子どもたちのために色々な意見を交わし合いながら協力して活動できたことは、親としての自分をひとまわり大きくしてくれる経験だったと思います。

子育ての当事者どうしが連帯し、学び合える場に

いま、子どもたちの育ちをとりまく環境は激変しつつあります。いつの世も、社会は変化してきたのですが、しかし、過去十年ほどの間に私たちが経験している生活環境の変化はただものではないと感じます。

ケータイ、スマホ、ライン、SNSなど、次々に変わっていく情報技術は、子どもたちの生活経験に多大な影響を及ぼしています。いじめ、不登校、ひきこもりなど、親が心配せずにはいられない課題も、減ることはありません。最近では、経済大国と呼ばれるこの日本で、子どもの六人に一人が「相対的貧困」の状態にあることが深刻な社会的課題として関心を集めています。

政府は「男女共同参画」や「一億総活躍」などと声高に唱えていますが、保育所待機児童や介護離職などの問題は解消される様子がありません。学校の教育環境をみても、教室のエアコン設備が整っていない学校は少なくないし、先生方の多忙さは他の先進諸国に比べると群を抜いている状況です。

少子高齢化が進み、人口が減少する中で、子どもを育てることは社会全体にとってとても大切な仕事です。しかし、環境の変化はそこに新たな困難をもたらしています。それにもかかわらず、子どもの教育を支援するための予算と条件整備はけっして十分とはいえません。

人は社会の中で育ち、生きていくものです。子どもたちの育ちに重要な影響をおよぼすのは、家庭と地域

と学校の環境です。ですから、学校教育は学校内部の力だけでできるものではありません。子育てを難しくする問題が絶えないからこそ、親どうしのつながり、地域社会のつながり、そして家庭・地域・学校の相互の協力が欠かせないのだといえるでしょう。

本書は、そのような現代社会の中で、ＰＴＡ活動に関わろうとする方々や、ＰＴＡ活動をもっと有効性の高いものに変えていこうとする人たちに、組織運営のための具体的なヒントや材料をわかりやすく解説しています。誰もが、最初は何もわからないところから出発します。やりながら考え、迷いながら前進するというのが、おそらくほとんどのＰＴＡで行われている活動の現実でしょう。

何をどうすればよいかわからないとき、とりあえず本書を開いてみてください。そうすれば、必ずヒントや手がかりが見つかると思います。なかなか思うようにはできないかもしれません。でも、大切なことはたった一つです。この学校に通っている子どもたちの成長を願って、できるだけ多くの保護者や先生方と連帯し、そしてお互いに学び合うことです。

子育てや教育が困難さを増す時代に、ＰＴＡ活動を通じてつながり合い、支え合おうとする方々にとって、本書が少しでもお役に立つことを願っています。

筑波大学人間系教授
濱　田　博　文

発刊にあたって

本マニュアルはPTA活動をこれから始める方、あるいは既に長年経験されている方のいずれがお読みいただいても役に立つことを目的とし、平成28年5月、発刊いたしました。全国の多くのPTA会員の皆様が直面する課題や悩みに少しでもお応えすることができるように、章立てを行いながら、そもそもPTAとは何を行う組織・団体なのかをわかりやすく解説いたしました。単位PTAの活動に於いて直面する課題や悩みのヒントになり、すぐに活用できるように構成されています。また、PTA活動では本部役員を中心に様々な局面で挨拶を求められることも多く、実際に使われたあいさつ文例なども掲載し、「PTAバイブル」として活用いただけることを目指しました。発刊後は全国のPTA会員をはじめ、教育委員会、校長先生や教頭先生に率先して購読いただき、更に教員養成大学や大学の先生には研究材料の一つとしてご購読いただきました。初版の感想として、「PTA活動を行う際、活動の裏付けとなる考え方やあり方に迷ったとき、本書を読み確信を得て自信もって活動できた」「何度も読み返し、会議などで共有し活動に活かせた」「先生方もPTA会員であり、共に活動するという意識が生まれた」など大変多くの反響をいただきました。

子どもたちを取り巻く教育環境は急速に変容しています。時代を見据えながら私たち大人はPTA活動を通じて、家庭教育の実践と充実を図り、学校教育とともに子どもたちの健全な育成を目指さなければなりません。子どもたちを健全に育成していくにあたって、家庭でできること、家庭だけではできないこと、学校や先生方と協力した上でなければできないこと、さらに地域のご協力をいただかなければできないことなど、役割と責任を考えますと、単独で育成していくことの難しさを痛感いたします。責任を分け合い、その役割に応じて子どもたちを取り巻く教育環境を整える取り組みこそPTA活動を行う上で重要な考え方です。人任せ、先生まかせではなく当事者意識を持たなければなりません。

現役世代の保護者は、多種多様な職業に従事し、就業の環境が様々です。また、男女共同参画のもと、女性の社会進出が急速に進むなか男女の差なくPTA活動の関わり方が変わらざるを得ない局面を迎えています。一昔前のPTA活動のままでは立ちいかない現状なども踏まえ善処することが重要です。

『改定版　今すぐ役立つ　ＰＴＡ応援マニュアル』は初版に加えた事例集や挨拶文例集、また文書例など満載で、文字通り「今すぐ」ご活用できるようにバージョンアップいたしました。

新学習指導要領では「主体的で対話的で深い学び」を目指しています。大人も積極的に自ら関わることによって深く学べることが重要で、ＰＴＡ活動はまさにそこにあります。

本書をお手にとっていただき活動の一助にし、自ら学び成長できる機会として捉えていただけますと幸甚でございます。

末筆ながら、「改訂版今すぐ役だつ　ＰＴＡ応援マニュアル」発刊に際し、ご尽力いただきました全ての皆様に感謝申し上げますとともに、ＰＴＡ関係者、学校関係者、教育行政をはじめ全ての皆様のご健勝を心より祈念申し上げご挨拶といたします。

公益社団法人日本ＰＴＡ全国協議会
会長　東川　勝哉

PTA応援マニュアル

もくじ

巻頭グラビア

日本PTAの歴史 …… 2

日本PTAの活動 …… 4

単位PTAの活動 …… 8

監修にあたって …… 10

発刊にあたって …… 16

第1章 日本PTAってどんな団体？ PTAとは、何のために、誰のために …… 21

●日本PTAに求められる役割と期待 …… 22

●日本PTAの歩み …… 24

第2章 PTAの基礎知識 PTAを知ろう！ …… 41

●PTA活動を知ろう！

①PTAは何をしているのですか？ …… 42

②PTAと学校の違い …… 44

③PTAに加入するとどんなメリットがありますか？ …… 46

④PTAの組織を教えて！ …… 48

●やってみようPTA活動

①はじめてPTA会員になったけど、何をすればいいの？ …… 50

②PTA活動にはどんなものがありますか？ …… 52

③委員会活動にはどんなものがありますか？ …… 54

●役員をやってみよう

①PTAの役員とは？ …… 56

②会長はどんな役割？ …… 58

③副会長はどんな役割？ …… 60

④会計はどんな役割？ …… 62

⑤庶務はなにをするところ？ …… 64

⑥広報委員は何を広報するところ？ …… 66

⑦学校行事でのPTAの役割は？ …… 68

●こんな時どうする？

①役員選考 …… 70

②活動への参加率の低下 …… 72

③規約の改定など …… 74

第3章 PTA NOW & DO …… 77

1 役割を分担する工夫 …… 78
2 連絡網の工夫と情報共有の工夫 …… 78
3 会議の効率化の工夫 …… 79
4 PTA参加のメリット …… 80
5 総会参加率を上げるには …… 81
6 役員へのクレームや問合せに対する対応 …… 81
7 規約改定をするためには …… 83
8 PTA行事の実質化 …… 84
9 地域連携の工夫 …… 86

第4章 PTA組織運営 …… 89

① 組織運営～みんなでやろう～ …… 90
② 活動計画～無理せずやろう～ …… 99
③ 予算と決算
～無駄や無意味なものには使わない～ …… 104
④ PTA運営の見える化と個人情報保護 …… 109

第5章 明るく 楽しく 活動していくために …… 113

ほめあって楽しい人間関係をつくろう …… 114
明るく楽しく 活動するためのポイント …… 116
一期一会
～子どもたちに負けないほどの
ワクワクやドキドキとともに～ …… 118
今しかできないことですよっ！ …… 120

第6章 PTA役員挨拶事例・各種案内等フォーマット・個人情報保護法の改正について …… 123

1. PTA役員挨拶事例
会長挨拶 組み立てのポイント …… 124
1-1 学校行事での挨拶
小学校入学式 …… 126
中学校入学式 …… 134
小学校卒業式 …… 138
中学校卒業式 …… 152
1-2 総会、記念式典での挨拶
年度はじめ「PTA総会」会長挨拶 …… 158
「定期総会」会長挨拶 …… 160
記念式典実行委員長挨拶 …… 162
1-3 その他の挨拶
子ども会での挨拶 …… 164
敬老会挨拶（小学校向け・中学校向け） …… 166

他団体での挨拶（青少年健全育成団体）……168
中学校体育大会　来賓挨拶……170
運動会挨拶（小学校・中学校）……171

1-4 司会原稿

小学校保護者研修会　司会原稿……174
分科会　司会原稿……178

2. 各種案内等フォーマット

各種案内　組み立てのポイント……180
年度はじめ総会のお知らせ……183
小学校ＰＴＡ総会開催のご案内……184
中学校ＰＴＡ　総会開催要領……186
小学校ＰＴＡ活動案内（会員向け文書）……194
活動計画……196
常任委員会のお知らせ……198
ＰＴＡ実行委員会のお知らせ……199
指名委員会のお知らせ……200
ＰＴＡ講習会のお知らせ……201
ＰＴＡ保護者研修会報告書……203
『継送電話について』のお願い……204
運動会参観のルールとマナーのご協力のお願い……205
『父親会』会員募集のお知らせ……206
ボランティア募集のお知らせ……207
キッズリーダー募集のお知らせ……208
ＰＴＡ総合補償制度（保険）について……209
理事アンケート……210
小学校ＰＴＡ歓送迎会のご案内……211
理事会出席の諸注意……216
クラス名簿作成について……217
保護者向け料理教室のご案内……219
秋季大運動会について……221
学級理事選出について……222

3. 個人情報保護法の改正について

個人情報取扱規則……231
業務委任契約書……232

参考資料——233

教育用語集……234
公益社団法人　日本ＰＴＡ全国協議会 綱領……251
運営組織……252
ブロックＰＴＡ協議会……252
公益社団法人日本ＰＴＡ全国協議会定款……253

編集後記——260

編集協力者一覧——262

第1章

日本PTAってどんな団体？

PTAとは、何のために、誰のために

寺本　充
尾上　浩一

●日本PTAに求められる役割と期待

日本ＰＴＡは、昭和27（１９５２）年10月に東京で行われた「日本父母と先生の会全国協議会結成大会」により発足し、昭和32（１９５７）年「日本ＰＴＡ全国協議会」に改称、昭和60（１９８５）年に社団法人化、平成25年「公益社団法人日本ＰＴＡ全国協議会」となり現在に至る日本最大の社会教育関係団体で、各小・中学校のＰＴＡ（以下、単Ｐという）で構成された郡市区町村ＰＴＡ協議会・連合会（以下、郡市Ｐという）の集合体である都道府県・政令指定都市ＰＴＡ協議会・連合会（以下、地方協議会という）の代表が、協議しながら日本ＰＴＡ綱領を遵守し運営している組織である。

「本会は、教育を本旨とし、特定の政党や宗教に偏ることとなく、小学校及び中学校におけるＰＴＡ活動を通して、わが国における社会教育及び家庭教育の充実に努めるとともに、家庭・学校・地域の連携を深め、子どもたちの健全育成と福祉の増進を図り、もって社会の発展に寄与する」ことを綱領に掲げ各種の活動をしている。

各単Ｐ活動において、学校区内で生じた課題解決に、自治会などの関係諸団体と連携して取り組むことで対応できる場合と、行政機関等に陳情、要望等を必要とする場合があり、後者の場合、市区町村に対する内容については郡市Ｐが取りまとめて行政機関等に働きかけを行ったり、所属単Ｐと連携した活動を展開することで解決することがある。

また、単Ｐの優れた活動や情報等を共有するとともに、保護者の学びの機会を広く提供する場としても郡市Ｐの果たす役割がある。地方協議会は、都道府県・政令指定都市を単位としていることから、郡市Ｐの役割に加え市区町村だけで解決や推進が困難な教育行政や警察等への働きかけなど広範な役割を担い活動をしている。

日本ＰＴＡは、これら単Ｐ、郡市Ｐ、地方協議会をサポートすると共に、国の教育施策や社会教育等について、関係府省庁をはじめとする様々な会議等で、全国の保護者の声を聞き届けるとともに、最近の状況や今後の動向を地方協議会に情報提供するなどの大きな役割を果たしている。

社会の進展と共に環境が大きく変化しており、子どもたちを取り巻く社会環境、教育環境に、既存の考えや仕組みでは対応しきれなくなっていることから、新しい時代と将来を見据えた方策が求められているなか、教育に関して、文部科学省の中央教育審議会の委員として、２０３０年の社会と、更にその先の豊かな未来を築くため、教育課程の改訂議論に加わり意見を述べている。

ケータイ・スマホ、インターネット等による有害サイトや交流サイトなどでの被害や事件を防ぐため、通信事業者を管轄する総務省や犯罪の取り締まりを行う警察庁をはじめとする各種協議会や会議では、子どもたちに害が及ばないよう提言し、全国のＰＴＡへ啓発を行い、テレビ・ラジオ等の放送事業者には、子どもたちに有益な番組づくりと不適切な内容を控えるよう要請し成果を得ている。

公益法人として、全国のＰＴＡが行っている事例を研究討議する大会や提言の元となる全国の実態を調査研究、優秀なＰＴＡの表彰、各種広報、全国の子どもたちの交流研修などの各種事業を行い教育支援助成事業では、東日本大震災での被災地域の学校・子どもたちを支援する義援金を全国に呼びかけ、遺児・孤児となった子どもたちに就学支援金を贈り、全国の会員から届く教育支援の募金をもとに被災地の子どもたちが明るく元気に歩んでいけるような活動の支援事業等を行い、公益全国組織ならではの活動を実施している。

今後も、国が行う教育施策、教育改革等へ積極的な提言、情報交換や教育関係諸団体との連携を図り、社会教育及び家庭教育の充実と家庭・学校・地域の連携で子どもたちの健全育成と福祉の増進を図るため、多方面に私たちの活動の理解と協力を求めながら、情報発信と諸問題への対応を続けていくことが期待されている。

●日本PTAの歩み

■昭和23年「父母と先生の会委員会」設置

文部省が、昭和20（1945）年9月15日に「新日本建設の教育方針」を発表したことから日本のPTAの歴史が始まり、その後、米国から派遣された教育専門家によって、戦後の日本の教育に関する基本的な方向性を示した第一次米国教育使節団報告書が取りまとめられた。

この報告書には、成人教育の必要性が記載され、父母と教師が協力する団体活動を勧めている。これを受けて、文部省の各都道府県社会教育所管課長会議において、PTAの趣旨説明及びその積極的普及を奨励し、昭和23（1948）年10月19日に省内に「父母と先生の会委員会」が設置された。

委員会は「『父母と先生の会』の健全なる発達を促進する方法を研究審議し、その運営活動に必要なる参考資料を作成する」ことを目的（委員会規約1条）として、父母、教育者、学識経験者及び文部省職員で組織され、文部省はこの審議に並行して、関係者に対しPTAの設置奨励を始めることになった。また、10月20日に委員会は、PTAの基本法ともいうべき「PTA参考規約」を取りまとめ、PTAの目的、方針、会員、役員等、各単位PTAでの規約検討や作成に役立つ具体的な内容が盛り込まれた。

■昭和22年PTA結成手引書「父母と先生の会―教育民主化のために―」

文部省は、昭和22（1947）年3月5日、「父母と先生の会―教育民主化のために―」と題するPTA結成の手引き書を作成し、全国都道府県知事あてに送付している。

この中でPTAの趣旨を、

「子ども達が正しく健やかに育って行くには、家庭と学校と社会とが、その教育の責任をわけあい、力を合わせて子ども達の幸福のために努力していくことが大切である。」

「ところが、現実での実状ではどういうことかというと、子ども達に影響を与えるこの学校、家庭、社会という三つの場所がお互いに密接な連絡をもたず、みんなバラバラになっていることが多い。」

「今までも…父兄会とか、母姉会とか、後援会とか、保護者会とかが」あったが、

「それらの多くのものは学校設備や催しの寄付や後援をすることがその主な仕事であって、本当に子どもたちのための仕事をすることが少なかった」ので、

「先生が中心となった会ではなく、先生と父母が平等な立場に立った新しい組織を作るのがよい。」

と説明して、会の作り方、運営の仕方、運営費の作り方、会の役割などを具体的に詳しく説明している。

例えば、会の作り方については、

「児童生徒に限らず、子ども達の問題に関心を持っている人々が参加することは差し支えない」

「完全に民主的な団体であるから」

「父母も、校長も、先生も、有力者も、平等の立場で会員として参加し、会の運営を民主的に進めていくことにするがよい。」とか、

運営については、

「政治的な色合いを持つとか、一宗一派の宗教的勢力に支配されるとか、身分地位や経済的な差別によって、色づけられてはならない。」

「営利を目的とする会でもない」などの点に「十分留意すること」など、また、

運営費についても、会員の会費があまり高くならないように、バザー、手芸の講習、映画会開催などで経費を捻出することも考慮すべきなどとされている。

そして、会を作ることによる利益として、

- 学校の設備が充実するようになる
- 義務教育を受けるべき子供が全部就学できるようになる
- 民主主義の教育が理解できるようになる
- 自分たちの知識や教育を身につけることができる
- 児童生徒を良い環境の中におくことができる
- 児童生徒の保護対策をたてる気運が生まれる
- 先生の生活を保護することに協力できる
- 先生から社会教育に協力してもらえるようになる
- 保健衛生の状況がよくなる
- 学校給食をうまく実施できる

・学校が美しくなる
・児童生徒のために学校以外での娯楽のプログラムを作れる
・児童生徒の職業指導の役に立つ
・父母と先生との間柄が親密になる
・会員の相互が親しくなってお互いに助け合う気持ちが出てくる

としており、多様な側面からＰＴＡの可能性を挙げている。

■ＰＴＡ設立、そして組織化へ

これらのＰＴＡ設立の勧奨活動により、各地域でＰＴＡ設立の気運が高まり、一気に組織化が図られるようになっていった。昭和23（１９４８）年4月には、全国のＰＴＡ設置状況は小・中学校とも早くも7割近くに達している。ただし、学校後援会、父兄会などの旧来の組織のみがある学校、あるいはそれと新組織が併存している学校もかなり（3割ほど）残っている状況も見られた。

また、昭和25（１９５０）年1月の調査では、小学校では93％の学校にＰＴＡが組織され、中学校でも89％、高校でも81％と、この段階で全国の極めて多くの学校にＰＴＡが作られている。その会員数も小、中、高を併せて１５００万人に上るまでになっている。さらに、このときの調査では、すでに25県において連合体が結成されているということも報告されている。

全国各地の学校にＰＴＡが組織されるようになると、それぞれの地域ごとの連合組織、さらに全国の統一的組織の結成が意識されるようになった。

昭和23（１９４８）年1月17日、東京都私立中等学校父兄会連合会が明治大学で「日本ＰＴＡ結成促進準備会」を開催し、全国レベルでの一体的組織の結成を企図したものであった。同年6月4日には、東京都母の会が父母会の連合組織を発展的に解消する意図で、上野の文化会館において「東京都父母と先生の会大会」を開いている。同じく、5月27日～28日には、神田の東京都教育会館で、小学館教育技術連盟の主催で「ＰＴＡ研究協議会全国大会」が開かれている。11月6日～7日には、早稲田大学で東京文理科大学ＰＴＡ

研究会の主催で「ＰＴＡ全国研究協議会」が開かれた。

ＰＴＡの全国組織については、「学校を単位とした『父母と先生の会』がたくさん出来上がり、これが市町村毎に、更に府県毎に連絡をもった大きなまとまりとなって拡がり、最後に全国父母と先生の会協会が設立されるようになれば、『父母と先生の会』は非常に活発な活動をくりひろげることもできるし、大きな力となって教育の振興に、更には社会改良運動に貢献できるであろう」と、文部省としても当然の課題としていた。

昭和25（１９５０）年9月22日の第二次米国教育使節団報告書においては、「日本における教育再編成の一環として教育委員会が市町村ならびに都道府県単位に設立されつつある。また、『父母と先生の会』の全国的な組織ができようとしている。この両者ともに、民主的教育計画を全国的に展開させるのに重要な役割を演じている。」と述べているとともに、社会教育の項で「成人教育計画において特に奨励されるべき大きな力の源は二つある。『父母と先生の会』とユネスコ関係団体とである。この両者はともに日本の将来に著しい貢献をなすことができる。そして、教師も教育家もこれらの団体への参加と、その目的及び計画の理解を高めるよう奨励すべきである。」とされ、ＰＴＡが日本の民主化にとって大きな役割を果たしていることを評価するとともに、ＰＴＡの全国化を強く奨励している。

昭和25（１９５０）年に入ると、文部省は全国組織の結成を積極的に指導するようになり、同年2月1日～4日に、神田の共立女子大学において、全国組織結成に向けて、文部省主催の「第1回全国ＰＴＡ研究協議会」が開催された。

この協議会では、全国及び地方別のＰＴＡ連絡組織の結成に関して研究協議がなされた。同年4月には、芝の慶應大学で第2回が、引き続いて第3回協議会は7月に共立女子大学で開かれ、その年の11月14日～15日にはお茶の水女子大学で「日本の父母と先生の会全国組織結成準備会」が開かれ、今後、全国8地区の代表者からなる常任委員会が準備を進めることが約された。

昭和27（１９５２）年10月14日～16日に、東京で「日本父母と先生の会全国団体結成大会」が開かれ、ついに、念願の全国協議会が結成されることとなった（日本ＰＴＡ発足）。

■日本ＰＴＡ戦後の教育への貢献

日本父母と先生の会全国協議会は、昭和28（１９５３）年８月29日～31日に、三重県宇治山田市において、第一回全国ＰＴＡ研究協議会を開催した。約１３００名の参加を得て、両親教育促進の方策、連絡協議会の運営、ＰＴＡの健全な発達のためのＰとＴの協力の在り方などを研究討議し、義務教育無償の貫徹、教育財政の確立、学校給食法の制定促進などを決議している。

団体の名称は、同年12月25日に「日本ＰＴＡ全国協議会」に、翌昭和29（１９５４）年８月25日には、「日本ＰＴＡ協議会」に、更に、昭和32（１９５７）年８月27日には再び「日本ＰＴＡ全国協議会」へと変更されている。

この当時の日本ＰＴＡの活動は、戦後の学校関連諸制度の整備充実への要求が大きな活動の柱であった。学校給食の制度化、２部授業の撤廃、校舎の増築、青年学級の創立、教科書無償配布、学校保健の実施など、文部行政に対して保護者の立場からの要望をまとめて要請するとともに、それを受けた文部行政の施策の実施に向けて、財政当局への要請活動を精力的に行うというものであった。

戦後の教育制度、教育の条件の整備充実に多く貢献を果たしたものといえる。

■子どもの健康・安全を目指す日本ＰＴＡの活動

この時期、日本ＰＴＡとしてもっとも大きな力を注いだのは学校給食の円滑な実施、そのための法制度化への要請行動であった。

学校給食は、戦前から貧困児童救済などの観点から行われていたが、戦争の深刻化とともに中止されていた。終戦後、昭和21（１９４６）年に極度の食糧不足に対処し、発育の助長と健康保持を目指して、全校児童対象に給食が行われることになった。ところが、昭和26（１９５１）年、学校給食の継続が困難となり、ＰＴＡをはじめとする関係団体や一般国民から給食実施への強い要請がなされた。こうした熱烈な世論に応えて、学校給食継続の閣議決定が行われ、給食実施に必要な財源を国庫負担することになった。その後もたびたび継続が困難な事態も生じたが、全国的に学校給食法制定への機運が高揚し、日本

ＰＴＡが中心になって全国学校給食推進協議会を創り、活発な運動の展開を進めた結果、昭和29（１９５４）年6月に学校給食法が制定され、昭和31（１９５６）年には小学校から義務教育学校全体に拡充された。

同時に、子どもの健康・安全の確保もＰＴＡにとっては大きな課題であった。戦後の学校保健委員会ではＰＴＡは大きな役割を果たしていた。そして、昭和30（１９５５）年5月には、児童の災害補償について衆議院文教委員会に要望を行うなど積極的な取り組みを進めていた。こうした努力の甲斐もあり、昭和33（１９５８）年４月に学校保健法が公布され、翌34（１９５９）年12月には日本学校安全会法が公布されるに至る。

■機関誌「日本ＰＴＡ」が全国の会員をつなぐ

昭和24（１９４９）年6月、社会教育法が公布され、ＰＴＡは同法の社会教育団体としての取り扱いを受けることとなった。また、同年7月、文部省設置法公布に伴い「父母と先生の会委員会」は「社会教育審議会父母と先生の会分科審議会」と改称され、さらに、昭和29（１９５４）年6月には、父母と先生の会分科審議会が「成人教育分科審議会」へ発展的に統合された。こうして、ＰＴＡに対する行政上の体制が整えられていった。

この間、文部省ではＰＴＡ担当の行政担当者の資質向上を図るため、昭和27（１９５２）年7月に3日間、京都嵐山で全国ＰＴＡ事務担当者研究協議会を開催した。

また、昭和28（１９５３）年2月には、父母と先生の会分科審議会が、教員養成課程にＰＴＡ・両親教育を入れるべきことなどを建議している。

昭和28（１９５３）年12月、機関誌「日本ＰＴＡ」が創刊された。当時の記事では、地方の活動紹介、両親教育などが多く載せられている。選挙に関連して各政党の教育関連公約一覧などが載っているのも注目される。以降、全国の会員、各学校ＰＴＡと日本ＰＴＡ全国協議会をつなぐ重要な機能を果たし続けることになる。年6回、奇数月に隔月で発行された。

昭和29（１９５４）年3月、社会教育審議会父母と先生の会分科審議会は小学校「父母と先生の会」参考規約を発表した。

ＰＴＡの目的については、父母と教員とが協力して、家庭と学校における児童、青少年の幸福

な成長をはかること（規約第3条）とし、活動として、

・よい父母、教員となるように努める
・家庭と学校との緊密な連絡によって児童青少年の生活を補導する
・児童青少年の生活環境をよくする
・公教育を充実するように努める
・国際理解に努める

ことが挙げられている。

教育を本旨とする民主団体と性格付けをした上で、その活動方針として、

・児童青少年の教育、福祉のための団体・機関とする
・特定の政党や宗教にかたよることなく、もっぱら営利を目的とする行為は行わない
・ＰＴＡまたはＰＴＡ役員の名で公私の選挙の候補者を推薦しない
・学校の人事その他には干渉しない

と規定している。

会員については在籍する児童の父母またはこれに代わる人、校長・教員、ＰＴＡの趣旨に賛同する人（ただし、運営委員会が決定した者のみ該当）となっているほか、郡市・都道府県・全国の協議会の会員に関する規定も含まれている。

さらに、役員の選挙や総会・委員会などについては細則が別に規定された。こうした規定を第一次参考規約と比べてみると、全体に条文の規定が簡潔に示され、整備された形になっている。そのため、一方では、抽象的な記述ぶりになり、ＰＴＡの役割・活動内容が具体的にイメージしにくくなっているのも確かである。条文の簡素化により、ＰＴＡ本来の趣旨が不明確になってしまった。

■日本ＰＴＡ全国協議会、社会活動に参加

ＰＴＡの組織形態については、文部省は、「父母と先生の会委員会」による昭和22（１９４７）年のＰＴＡの結成手順書でも、昭和23（１９４８）年の参考規約でも、趣旨に賛同する個人意志に基づく自由な参加原則が謳われていたが、現実にはほとんどのＰＴＡで、それぞれの学校を単位に、在学する子どもの父母と教員の全員が、網羅的に自動的に会員になることとされた。このことは、その後長く、本来、ＰＴＡはボランティアによ

る自発的な参加団体のはずであるのに、全員を網羅する形で組織化することは、団体の会員としての意識を低め、活動の不活発化を招く元であるとの批判や議論をもたらすことになった。

極めて短い期間内に、全国の学校にＰＴＡが組織されることになったが、それが可能だったのは、ほとんどの学校に戦前から運営されてきた親の会があったからであり、それらがＰＴＡの直接の母体になったからであった。

わが国では、アメリカでＰＴＡ運動が始まった年の翌年の明治32（１８９９）年には、すでに、東京市に最初の学校後援会が結成されていた。その後、多くの学校に、後援会、奨学会、父兄会、父母会、母婦会、母の会などの名称による団体が作られた。表向きは教育の振興を目的としていたが、実態的には学校に対する物的援助（公費の補填）が主な役割だった。当時、こうした旧組織の「発展的解消」により、ＰＴＡの結成を図るということが盛んに言われたが、結局は単に名称がＰＴＡと変わっただけで、その内実はほとんど旧組織と異ならないというのも少なくなかった。

急激な設立・発展を遂げたＰＴＡ運動も、全国組織ができ、戦後の教育制度の創設に尽力し、教育条件の改善充実に努めてきて、学校教育費への公的負担の方向が明確になるにつれて、これまでの学校後援的な活動ばかりではなく、ＰＴＡ本来の成人教育、両親教育、青少年教育などを進める社会教育団体としての活動を強力に推進すべきではないかとの活動についての反省、模索の時代に入る。

昭和36（１９６１）年2月24～25日、宮城県鳴子町で第1回成人教育全国研究大会を開催し、全国的に成人教育への取り組みを促そうとした。また、同年5月、兵庫県明石市で開催された第1回児童生徒愛護活動全国研究大会にも参加している。

その後、交通事故の増大に伴って、子どもたちの安全確保が社会問題になり、政府に、「交通安全国民会議」が昭和40（１９６５）年に設立されると、日本ＰＴＡ全国協議会としてもそれに積極的に参加していった。また、青少年の体力の低下が問題になって、「健康体力作り国民会議」が設立された際にもそれに参加するなど、他の関係団体と積極的な連携を図って、社会的な活動に努めるようになってきた。

戦後の社会教育団体の社会的に有用な活動の展

開の広がりの中で、団体に対する補助の必要性の認識が国民の中に高まってきていた。これを受けて、憲法第89条に該当しない範囲内で国庫等による助成ができるように、昭和34（1959）年4月、社会教育法の旧規定（第13条）が改正された。

これにより、いわゆる教育の事業に該当しない、社会教育の普及奨励に関する事業や団体間の連絡調整などの事業については、国や地方公共団体からの助成が可能となった。文部省は、昭和35（1960）年度に、「社会教育団体補助金」を創設し、PTAを含む社会教育関係団体に対してその活動についての援助を始めた（この補助金は昭和53（1978）年度に「民間社会教育活動振興費補助金」に名称が変更された）。

また、昭和52（1977）年度からはPTAによる地域づくりを推進するため「PTA地域活動」が始まった（この事業は、昭和52（1977）年度、57（1982）年度、62（1987）年度の変更ののち、平成3年に「地域社会教育活動総合事業」に統合されている）。さらに、昭和46（1971）年度には、PTA指導者の研修支援事業が始められ、「社会教育研修支援事業」として継続してきた。こうした国による団体や都道府県・市町村への補助事業は、都道府県・市町村によるPTAへの補助事業の契機となるとともに、社会教育団体としてのPTAの機能を発揮・向上させる重要な基盤となっていった。

また、昭和37（1962）年12月28日、PTAを財政面から援助して育成することを目的として、財団法人全国PTA協会が設立された。もとは、日本PTA全国協議会の法人問題から発展して構想されたものであるが、行政ばかりでなく民間の中からも、PTAを財政的に支援することの必要が感じられたことの現れであろう。PTA自体がその運動を社会教育団体としての運動と再認識するとともに、行政による補助金の道が開けたこともあって、一層、社会教育団体としての役割・活動が意識され、強調されるようになっていった。

■昭和30年代中学生増加による国への要求活動

昭和30年代半ば以降は、生徒数の急増期に当たり、教育環境の整備が教育行政にとって大きな課題になった。前後すぐの時代に生まれた第一次ベビーブーマーが中学に進学する時期にあたってい た。

中学生数は、昭和35（１９６０）年度には前年度に比べて71万人増、翌昭和36（１９６１）年度には１００万人増、37（１９６２）年度には40万人増と3年間の合計で２００万人が急増する状況であった。このため、日本ＰＴＡ協議会では、老朽校舎の国庫補助増額、学級編制基準の改定、教職員定数の確保促進を強く政府に要求する活動を進めた。さらに、教育費増額によるＰＴＡ公費負担軽減、教科書無償給付、学校給食義務化による給食費負担軽減を要望するとともに、学校保健法の実施に伴う予算の増額、児童・生徒災害補償法の制定促進なども要望した。

昭和42（１９６７）年6月、社会教育審議会は「父母と先生の会のあり方について」報告を行った。報告では「従前の父母と先生の会の多くは、学校後援会的な事業に重点をおかれ、その面での役割を果たしてきたが、この会結成の趣旨である児童生徒の幸福な成長を図るための会員相互の学習活動や社会活動等は、必ずしも十分に行われてきたとはいえない。」と現状についての評価・認識を表明する。

その上で、あるべきＰＴＡの目的、性格について、「父母と先生の会は、児童生徒の健全な成長をはかることを目的とし、親と教師とが協力して、学校及び家庭における教育に関し、理解を深め、その教育の振興につとめ、さらに、児童生徒の校外における生活の指導、地域における教育環境の改善、充実を図るため会員相互の学習その他必要な活動を行う団体である。」と規定した。

ＰＴＡの活動を通して、学校教育と家庭教育についての教師、親相互の理解と協力の推進とともに、校外での児童生徒との生活指導や教育環境改善のための活動など地域社会での活動の推進を強調している。さらに、会員構成については「父母と先生の会は学校に在籍する児童生徒の親および教師によって、学校ごとに組織される。」とし、現状を前提に、地域の人々の参加を認めないような規定ぶりになっている。なお、この点については、昭和46（１９７１）年の文部省社会教育局長の行政実例で「ＰＴＡ会員の資格については、本来それぞれのＰＴＡが自主的に決定するべきものであり、…在籍児童生徒の親でない者を会員にすることは差し支えない」と回答している。また、「会の趣旨に賛同する親と教師が自主的にできるだけ多く参加することが望ましい。」とし、加入の自発性の原則を堅持しつつ、全員参加という網羅的な加入をも認めるような曖昧な言い方になっている。

なお、付記において、この報告が、昭和29（1954）年の小学校PTA参考規約に変わるものとして位置づけている（第三次参考規約）。

昭和44（1969）年10月31日付けの機関誌日本PTAには、「私たちPTAの主張」としてPTAは学校の付属団体でも後援会でもなく、ボランティア団体であり、従って、学校に干渉しない、学校から干渉されない自主的団体であること。自分の子どものための運動ではなく、広く子どものために、しかも世界的な運動の一環として行うものであると反論するとともに、全国各地でPTAの使命と役割について徹底的に分析・研究することを呼びかけている。こうしたなか、日本PTA全国協議会と各地域協議会との意志疎通を十分に図るため、日本PTA全国協議会の事務事業についての情報連絡資料として「日P月報」が発行されるようになった（第1号発行：昭和44年、以後月1回発行、平成9年まで続いた）。

こうした動きを受け、日本PTA全国協議会では、「日本PTAビジョン」（全国の会員の検討素材）を作成し、PTAの全国組織の存在意義を確認するとともに、全国のPTA運動が社会教育団体としての特色を一層強めることを訴え、各段階でのPTA組織で検討することを求めている。また、これによると、日本PTA全国協議会の事務所の確立、事務局の整備、役員の責任体制の強化、会費収入による会の運営、会員の自由加入制漸次確立、女性会員の地位の向上、一般教員・社会教育関係職員の日本PTA全国協議会への参加、会計の民主化・監査制度の強化、各種委員会活動の強化、広報活動の強化、研究調査機能の拡大などが提言されている。

■昭和45年「PTA在り方委員会」設置

さらに日本PTA全国協議会では、昭和45（1970）年6月、「PTA在り方委員会」を設け、抜本的に機関としての在り方を検討し始めた。当時、日本PTA全国協議会役員の資格について議論があり、子どもが公立小中学校に在籍している父母に限るのか、必ずしもそうした父母に限らず門戸を広く社会に開くべきなのか、各学校ＰＴＡにあってはは在籍父母であることが望ましいが連合体にあっては限定の必要はないと考えるべきだ、など様々な議論があった。昭和46（１９７１）年1月の文部省の回答『ＰＴＡ会員の資格について』では、自主的な団体である各段階のＰＴＡで独自に決めれば良い問題であるとされている。

また、昭和40年代後半は、物価の急激な上昇に見舞われた時期であり、教育にかかる経費の高騰はＰＴＡにとっても大きな課題になっていた。昭和47（１９７２）年1月、学校給食予算獲得への陳情活動、同2月公立学校授業料の値上げ反対陳情、11月には公立文教施設整備予算確保要望、12月学校給食補助要望を行い、昭和49（１９７４）年も学校給食用牛乳価格の年度内据え置き要望、2月には文部省大臣・社会教育局長に学用品、文房具類の値下げについて陳情活動を行っている。

■昭和50年代教育環境浄化活動

昭和50年代前半、青少年非行は戦後第3のピークを迎えていた。学校でも校内暴力事件などが多発していった。こうしたことの背景の一つとして、子どもたちの社会での教育環境の悪化、マスコミの悪しき風潮の影響などが懸念されるようになっていた。日本ＰＴＡ全国協議会ではこうした結果をもとに、教育環境浄化を目指す観点から、放送機関、番組提供企業、文部省、郵政省、自民党などに要望・陳情活動を行った。

テレビのほか、有害図書の排除についても積極的な運動を展開している。昭和55（１９８０）年4月、有害図書自動販売機を通学路に設置することを禁止するように法規制を求める請願書を国会に提出したほか、有害図書自動販売機の設置そのものの禁止、および青少年に対する猥褻図書の販売を禁止する法規制をも訴えるとともに、一般成人に対しても有害図書の不買の呼びかけも展開していった。翌昭和56（１９８１）年3月には、有害図書の自動販売機を通学路、それに順ずる道路に設置することを禁止する法律の制定を求めて、署名活動を行い、２５５万人の署名を集めた。11月には、有害図書自動販売機規制についても調査した。

日本ＰＴＡ全国協会にとって、中央組織としての多様な活動の展開、安定的な組織運営の確保の面から、法人化は大きな課題であった。昭和57（1982）年度に入ると、その気運が高まり、昭和58（1983）年3月に法人化特別委員会を発足させ、5月には、「社団法人日本PTA全国協議会設立準備委員会」を設立し、法人化に向けての準備を進めた。昭和60（1985）年4月、法人に移行することを総会で正式に決定し、文部省に法人の許可申請書を提出した。そして、その結果6月26日に文部省から許可書を受領した。

新組織の名称は、社団法人日本PTA全国協議会。社団法人を構成する社員（規約上は「正会員」と呼ばれる）は、全国の都道府県の協議会と政令指定都市の協議会とされた。

また、この時期、PTAハンドブック「PTAのすすめ」が昭和59（1984）年1月に完成し、全国に配布された。さらに、昭和61年9月にはPTAハンドブック「私たちのPTA」の編集が始まり、昭和63（1988）年3月に完成している。

日本PTA全国協議会では、全国のPTAの参考にしてもらうために、昭和59（1984）年度から、優れた実践事例を発掘、収集し、「PTA実践事例集」を作成・配布している。

第1集は「子どもの生き方をどう手助けするか」であり、以降、父親のPTAへの参加促進、家庭の教育力の向上、父母と教師の協力、豊かな学校外活動、ボランティア活動など多様なテーマで毎年編集されている。時代の動きを的確に捉えたテーマ設定で、全国のPTA活動の活性化につながる先進的な事例を意欲的に拾い集め、各PTAへ配布し、さらにそれが十分活用されるように努力していくことが望まれる。

■昭和59年臨時教育審議会発足

教育問題解決の困難さの深まりのなかで、政府全体での抜本的な改革のための検討が必要との判断から、昭和59（1984）年に臨時教育審議会が発足した。臨教審は国民全体に教育改革の必要性を認識させるとともに、教育改革の議論を巻き起こしていった。

組織としての体制が整いつつあった日本PTA全国協議会では、組織を挙げて、積極的にPTAの立場で今日の教育改革のあり方を模索し、社会的にアピールしようとしていた。昭和

60（1985）年6月から昭和62（1987）年8月にかけて、臨教審に対して、4次にわたる提言を行ってきた。その中で、教育改革の基本的な考え方として大きく打ち出したのが、学歴社会の弊害の是正と生涯学習体系への移行である。さらに、平成7（1995）年から中央教育審議会委員として会長が任命されたのを皮切りに、教育養成審議会、教育課程審議会、生涯学習審議会など国の様々な審議会委員として、PTAの立場から教育政策に各種の提案を行うようになっていった。

また、教育課題に対して親がどのように考えているかについても、アンケート調査を行い、親としての意見の集約、改善方策についての検討なども行ってきている。

昭和61（1986）年に行った「学習社会の弊害の是正に関する調査」では、

- 日本は学歴が低いと高い地位についたり、収入を得たりすることができない社会であると思う人が5割、思わない人が2割と、学歴が社会的な活動に大きな影響を持つと考える親が多いこと。
- 子どもには高学歴を望む親が9割にも達すること。
- 学歴偏重の弊害を訂正するためにPTAが行うべき取り組みとしては、親の意識改革、子どもの正しい職業観の育成、親と教師の連携を図ることが必要と考える親が多い。

などが明らかにされた。

さらにこの時期、大きな問題になりつつあった不登校についても深刻な問題として捉え、昭和63（1988）年7月に、日本PTA全国協議会内に「学校生活（登校拒否）に関する調査研究委員会」を設置し、登校拒否の実態・意識などについての調査をもとに検討を行った。

日本PTA全国協議会は、社団法人として組織態勢が整えられるに伴い、名実ともに公共・公益団体として、新たな多様な事業を展開するようになっていった。同時に、臨教審への提言を契機に教育改革・子どもの健全な育成に関して全国の父母を代表して、積極的に発言するようになってきた。そのため、様々な教育上の課題について調査し、意見を集約し、行政当局に要望し、社会に問題を提起するようになった。しかし、日本のPTA運動は、さらにこの数年、問題を検討し、関係当局に要請するばかりでなく、問題そのものの解決を目指して、様々な行動を実際に担うようになってきている。たとえば、学校の課題について、PTAの立場から、学校教育そのものに協力するケースが出てきている。

学ぶだけの団体から、活動し責任を担う団体へと成長してきているといえる。また、大きな社会変化のなかで、子どもに対する教育が学校・家庭・地域社会でバランスのとれたものになる必要があるとして、家庭の教育機能の充実、地域社会の教育力の向上および学校と家庭・地域社会の連携協力の必要性が強く認識されるようになった。そして、これらの課題に最も良く取り組むことのできるのがPTAであるとして、その活動の一層の充実が期待されるところとなっている。

これまで、日本のPTA活動は、ややもすると、各学校PTAのレベルでは、会員に主体性や自主性がなく、活発な活動は望み得ないのではないか、また、全国組織においても、巨大な団体でありながら、それに見合う大きな力が発揮できていないのではないかという批判が常に浴びせられてきたことは否めない。しかし、最近になって、PTAの新しい可能性を期待させる動きが、各学校PTAにも中央・地方の協議会にも芽生えてきていることが感じられるようになってきている。

■柔軟性をもって家庭・学校・地域社会と融合へ

平成10（1996）年に、創立50周年を迎えた日本PTA全国協議会は、文部科学省が進める教育改革の方向性を踏まえ、PTA本来の役割である「家庭・学校・地域社会をつなぐ要」としての役割が、以前にも増してより一層強く求められ、またPTAの活動自体も、三者の連携を目指した活動が中心になってきた。また、「開かれた学校づくり」への取組も進展し、今後のPTAは、社会全体の教育力の向上に寄与するために、保護者と教職員が互いを高め合い、かつ子どもたちの健全な育成を支援する活動の充実方策を検討していく必要があった。また、PTA活動の活性化として、「PTA活動は男女共同参画社会へ向けてのモデルともなるべき活動」、「PTA活動への参加が保護者としてまた地域社会の構成員として当然のことであるとの認識が、企業を含め社会全体に拡がる必要がある」とし、その活動については、「会員自らがやりがいを感じられるような、自主的な事業に取り組むことが重要」で、「組織的な活動ばかりでなく、個々の会員が各自の都合に合わせて柔軟に参加できるような多様な活動形態を工夫すること」などの提言があり、今日、子どもを健康に育てるためには、家庭・学校・地域社会の実質的な連携・融合が不可欠であり、そのことを最も良く担うことのできるのがＰＴＡであると認識し、ＰＴＡに対する期待がきわめて大きいことを表明している。

平成20（２００６）年には、創立60周年を迎え、科学技術の急速な進歩、高度情報化、少子高齢化、グローバル化等が急速に進む中で、子どもたちを取り巻く環境が大きく変化してきた。また、学校、家庭、地域社会それぞれが抱える教育的課題はますます困難さを増している。学力向上への取組、家庭の教育力低下への支援、地域における人間関係の希薄化に対する相互連携等については、大きな方向性を示す必要があり、今日的な課題が山積している。その中で、特に今後は、学校を舞台として、学校・家庭・地域の合同事業の実施や地域住民と協力し、学校の様々な教育活動を支援する活動が、保護者や地域住民の社会教育活動の充実を図ることになり、ひいては社会全体の教育力の向上につながっていくものと期待されている。これらに対応する新たなＰＴＡづくりを行うためには、現在ＰＴＡが抱える様々な課題を解決し、ＰＴＡ会員同士が気軽に参画でき、学習しあう場を工夫し、その場を通してＰＴＡ活動の大切さを共感・共有することが重要であると考える。

第2期教育振興基本計画では、学校や社会教育施設等を地域の振興・再生に貢献するコミュニティの中核として位置付け、多様なネットワークや協働体制を確立するとともに、地域における親子の育ちを応援する学習機会の充実等による家庭教育支援の強化等を求めている。平成27（２０１５）年12月に中央教育審議会において「新しい時代の教育や地方創生の実現に向けた学校と地域の連携・協働の在り方と今後の推進方策について」（答申）を取りまとめ、地域と学校が連携・協働して、地域全体で未来を担う子どもたちの成長を支え、地域を創生する活動を「地域学校協働活動」として全国的に推進するため、従来取り組んでいた学校支援活動や放課後子ども教室等の活動を「地域学校協働本部」へ発展させていくことが必要であることが確認された。

また、地域と学校の連携・協働の推進に向けた改革においては、地域と学校の連携・協働の下、

ＰＴＡをはじめとする幅広い地域住民等（多様な専門人材、高齢者、若者、青少年団体、企業、ＮＰＯ等）が参画し、地域全体で学び合い未来を担う子供たちの成長を支え合う地域をつくる活動「地域学校協働活動」を全国的に推進し、高齢者、若者等も社会的に包摂され、活躍できる場をつくるとともに、安心して子育てできる環境を整備することにより、次世代の地域創生の基盤をつくる。

地域が学校のパートナーとなるための改革では、地域学校協働本部と学校との連絡調整を担当する人材の配置促進や、地域学校協働活動を推進するための学校開放の促進等を通じて、地域が学校のパートナーとして子どもの教育に関わる体制を整備することにより、教員が子どもと向き合う時間を確保できるようにするとともに、次代の郷土をつくる人材の育成や持続可能な地域の創生を実現することが提言された。

■公益社団法人日本ＰＴＡ全国協議会誕生

平成25（２０１３）年4月1日、日本ＰＴＡは内閣府の認可を受け、公益社団法人に移行し、公益社団法人日本ＰＴＡ全国協議会として、これから更に責任ある全国組織を意識し続けることを決意した。これまで、数多の先達・関係諸氏が築き上げ続けてきたこの組織の存在意義を更に明確にし、決意の源でもある社会的責任を、会員とともに果たしていくことが、これからの教育にとって大切な使命として、更に発信力を高め、社会貢献活動の推進を図ることが期待されている。

この原点に立ち返り、責任ある全国組織として、国が行うあらゆる教育改革、子どもたちを取り巻く環境の整備に関する施策等に積極的に意見・協議するとともに、然るべき方向性を示していくことが大切であると考えている。そのためには、教育関係団体や関係諸機関等とも連携を密にし、国全体の教育環境をよりよくすることを検証・議論していく必要があり、文部科学省をはじめ、初等中等教育に関わるすべての団体組織の方々を構成員として研究・討議を行い、ＰＴＡの在り方が新たな形で進化し続けることを期待したい。

第2章

PTAの基礎知識

PTAを知ろう！

東川　勝哉
西村　澄子
齋藤　芳尚
安藤　大作

1 PTAは何をしているのですか？

第1章にもあるようにPTAの歴史は古く、我が国には戦後にその考え方や活動の在り方などが導入されて久しいものです。

PTAの目的は、「子どもたちの健全育成」にありますが、健全に育成できる社会的環境や経済環境など、いわゆる子どもたちを取りまく環境が大きく変化してきました。

そのような中で、PTAは大きく以下の三つを目的として活動しています。

1. 地域社会と一体化

子どもは多くの大人に見守られ安全で安心に育っていきます。家庭から学校までの通学途上では地域の皆様に見守られています。挨拶し、声をかけることでいつものように元気な様子を見ることもできます。いつもと様子が違うとそこから心身の様子を察知し、家庭や学校にその声を届けることも可能です。未然に事が大きくならないようにしていくこともできます。登校時の立哨などは、保護者で対応できないところを地域の自治会や老人会などいわゆるネットワークの組織で子どもたちを安全な状態にすることを常としています。

PTAと学校と地域が連携し、定期的に学校区のパトロールを行い、登下校や地域で安全に遊べるように危険個所を発見し、行政に改善を申し立てる事例も多数あります。地域社会と一体となっているからこそ、世論として行政も動いていくのです。

PTAの特徴のひとつとして、会員はひとつの学校に通う子どもの保護者（先生含む）であり、同じ地域（小学校区・中学校区）に住んでいることがあげられます。地域で子どもたちを見守っていく上で、このことは重要です。たとえば、地域に教育環境において望ましくない施設が建設予定であったりすると、地域と連携し団結して声を上げ改善に向かうことも可能となります。

PTAの組織は、当然ながら非営利団体であり、特定の政治や宗教、または社会的地位など偏ることなく活動しています。したがって国や行政から統制や干渉をうけません。中立的な立場をとっているため様々な方からの意見を交換し特徴を生かした活動ができます。

2. 成人教育

ＰＴＡの最も大きな目的は、子どもたちの健全育成です。では、この目的を果たすためにＰＴＡは何をすべきか様々な意見があります。教育基本法には第十条に家庭教育の条文がありますが、ここには、「父母その他の保護者は子の教育について第一義的責任を有する」としています。わざわざ条文化されているということは、責任を有する父母その他の保護者が自ら子育てや教育について学ぶ必要があるとも言えます。

子どもたちの健全育成を目指すには、様々な考え方や技術的なものがあり、学ぶ必要があります。

ＰＴＡ活動は、成人教育の場であり、自己研鑽が日常的に行いやすいという特徴を持っています。それはＰＴＡの持つ多様性が理由です。ＰＴＡには職業や特技を持った人が集まっています。裁縫・パソコン・料理・スポーツなどに加え職種の特性を生かした活動もあります。自分にないものをそこで学ぶこともできるわけです。日常的に自己研鑽が行いやすいとはこのことから言えます。

また、ＰＴＡでは講師を招聘し研修会を行うこともしばしばです。協議会などの研究大会には積極的に参加することで更に普段聴けないような有意義な講演等を聴くこともでき家庭教育へ活かしていくことが可能になります。

3. 学校教育への協力・連携

学校教育も家庭教育も共通目的を有するため、お互いの立場から協力し連携していく必要があります。お互いの立場から違いを理解し学校教育の充実と向上に協力しましょう。たとえば、運動会の運営、環境整備の一環での清掃活動などもそのひとつです。社会環境の変化は年々速くなっており、そしてその変化は、子どもの教育環境に影響を与えます。特に、通信環境の変化は凄まじく前述したようにこの点についても、知識を習得し対応していく必要があります。学校だけで対応するにも限界があります。よって、ますます当事者意識を持ち、学校教育を理解し協力しながらの連携が求められます。

2 PTAと学校の違い

学校とは憲法や教育基本法など様々な法律に基づいて、国や地方公共団体や学校法人などが設立している教育機関を指します。

学校は、文部科学省や教育委員会の指導を受け、学習指導要領を基準とし編成された教育課程に基づいた教育活動を実施していきます。

また、学校は学校教育法をうけて、学校種別ごとの目的や目標が掲げられています。

学校教育法の第一条では、「学校とは、幼稚園、小学校、中学校、義務教育学校、高等学校、中等教育学校、特別支援学校、大学及び高等専門学校とする。」としています。本書では小学校・中学校に絞り、小学校・中学校の目的を見てみましょう。

小学校では心身の発達に応じて、義務教育として行われる普通教育のうち基礎的なものを施すことを目的とし、生涯にわたり学習する基盤が培われるよう、基礎的な知識及び技能を習得させ、これらを活用して課題解決するために必要な思考力、判断力、表現力などの能力を育み、自ら学習に取り組む態度を養うことに重点を置いています。また、児童の体験的な学習活動、社会奉仕体験活動、自然体験活動などの体験活動の充実に努めるとしています。

中学校では、小学校における教育の基礎の上に、心身の発達に応じて、義務教育として行われる普通教育を施すことを目的としています。中学校においては、社会に必要な職業についての基礎的な知識と技能、勤労を重んずる態度や個性に応じて将来の進路を選択する能力を養い、学校の内外における社会的活動を促進し、その感情を正しく導き公正な判断力を養うことを目標としています。

このように、教育基本法、学校教育法をベースに各学校で教育目標を立てていきます。このことから各学校の教育目標は、基本的に大きな差はないようです。ただし、それぞれの学校の児童生徒の実態や地域社会の特徴を考慮し、重点とすべきところを明確にし、具体的な内容となります。学校目標は学校の個性が表れるところです。学校目標を校舎や校長室や職員室に掲げてあり、多くの学校がホームページに掲載しています。先生方と共有し共に活動したいものです。

学校は、教育目標を決めると、それを達成すべく毎年教育課程（教育計画）を作成します。具体的には、年度の重点目標・方針、年間行事計画・授業日数・教科の授業時間の割り振りなど盛り込んでいきます。更に、学年目標・生活指導月間目標・部活動計画・健康、安全給食の年間指導計画、避難訓練計画など多岐にわたる計画を立てていきます。各指導計画はこれを受けて組まれます。学校では、これらの計画の作成に際して日々熱心に議論が交わされ計画に沿っていきますが、先生方のたゆまぬ努力があっての学校教育であることを忘れてはなりません。

学校とＰＴＡの関係において、子どもたちの健全育成という点では、目的は同じです。その意味では、任意設立とはいえＰＴＡと学校は切っても切れない関係であり、密接に協力して活動する必要があります。学校目標を理解することで、ＰＴＡの目標が決まり、年間を通してどのような活動を行うか年度当初に決定し遂行していきます。

学校は子どもたちの健全な育成を図るためにもありますが、公の教育機関として憲法や教育基本法に従って教育活動を行います。

これに対し、ＰＴＡは社会教育関係団体であるという異なる性格を持っています。

国や行政に統制や干渉をうけない社会教育関係団体で、自主性を持ち、任意で設立されています。社会教育の役割を担っているため、子どもたちの社会に関するあらゆる分野での活動にかかわることになり、豊かな人間に育つことを助けていることになるのです。平成27年度の中央教育審議会の答申によりますと、「教育改革、地方創生等の動向から見る学校と地域の連携・協働の必要性」の中でこれからの学校と地域連携・協働の姿として三つの提案がなされています。

１　地域とともにある学校への転換
２　子供も大人も育ち合う教育体制の構築
３　学校を核とした地域づくりの推進

子どもを中心に、学校教育・家庭教育・地域教育のこの三者が一体となり時代を担う子どもたちの資質を育もうとする中で、学校と地域のパイプ役である、ＰＴＡの協力がこれまで以上に求められているのです。

3 PTAに加入するとどんなメリットがありますか？

子どもは、家庭・学校・地域とかかわりながら生活し学び成長していきます。言うまでもなく家庭での躾が学校で学習や交友関係に活かされ、学校で育まれた交友関係などが地域につながっていきます。子どもの成長は時間や場所を選ばず継続していきます。家庭・学校・地域の在り方や、それぞれの方向性が食い違い、お互いの求めることが異なると、子どもは混乱し迷い、豊かな人格形成に大きな影響を与えることになります。そのためには、各家庭においての教育方針や子育てに対する考え方、学校教育目標、地域社会のことを知り足並みを揃え、子どもを育む必要があります。足並みを揃える活動のひとつがＰＴＡ活動であるともいえます。また、学校が保護者に求めているることや期待していることは生活の指導です。学校は教育基本法、学校教育法、学校目標に従い、教育を行っています。学校は集団で活動を行う場であり家庭の躾が集団活動にそぐわない場合も出てくると学校現場は大変苦慮します。そのため生活指導の原点は家庭であり、学校からの期待も大きいわけです。

子どもを取りまく環境は、大変なスピードで変化し、この環境の変化に家庭・学校・地域が対応していくには足並みを揃えなければなりません。

昨今、ケータイ・スマホを中心とした通信機器とＳＮＳなどの不適切利用から子どもに関する悲しい事件が後を絶たないことの対応も急務です。

また、健康面や学力向上についても日頃の変化や子どもの状態を学校がすべて把握し対応するのは困難で複雑化しています。この点からＰＴＡ加入のメリットは会員となり活動することが子どもの健全な育成に直結することであるといえます。子どもたちの健全育成が一次的なメリットとしますと、二次的なメリットとしてはつながりと学びでしょう。学びについては40頁の「ＰＴＡは何をしているのですか？」にあるように成人教育としてのＰＴＡであります。多くのＰＴＡでは単位ＰＴＡごとに研修会などを開催しています。テーマは実に多岐にわたり、いわゆる講演会スタイルのものや少人数のグループに分かれてのワークショップ形式の研修会もあります。ここでは子育てや食育に関すること、いじめ問題、学力向上などに関する見識を深めることができます。

二次的なメリットと表現しましたが、つながりに関してはＰＴＡの一次的なメリットといっても過言ではありません。知らない保護者同士がＰＴＡ活動を通じて知り合いになり、子育ての悩みを相談したり、これをきっかけに生涯の友人になることもあります。敷居が高いと思っていた職員室も先生方との距離も近くなるので様々な情報共有ができます。先生方との距離が近くなるメリットは大変大きいものです。たとえば、自分の子どもの日常の生活ぶり、家庭の教育方針など楽しく語ることができ情報量も多くなり些細な問題が発生しても早い段階で解決できることもあります。また先生は子どものことで保護者に相談しやすくなり、普段の学校教育により反映させていくことが可能になります。もし、先生から相談や依頼があった際には敏速に行動することをお勧めします。

女性の社会進出が盛んになり、働く女性は増える傾向にあります。いわゆる子育て世代の母親の就業率も上昇し、経済的な観点からも働く母親は増えていきます。ＰＴＡ活動に目を向けますと、役員のなり手や活動そのものができない理由として就業の問題があります。ＰＴＡ活動から見ると、活動ができないとするデメリットにも捉えられがちですが、時代の流れから、従来の活動の在り方から脱皮するチャンスとも言えます。また、家庭の経済的な理由から働きたいのにＰＴＡがあるから働くことが難しいなど様々な課題もあります。コミュニケーションの不足などからＰＴＡ会員同士がギクシャクすることもあります。

解決の方法として、まずは信頼関係の構築があげられます。多様な価値観を持った方が集まり活動を行うわけですから、その価値観を認めることも重要です。

関係が構築できると就業の問題も相談できますし、活動に参加できないときの代替案も皆さんで話し合いながら案を出すため、双方に責任が生まれます。いわゆる当事者意識の醸成につながり、保護者もその事案から学び、気づきを深めることができるのです。

4 PTAの組織を教えて！

小学校・中学校ごとに組織されるPTAのことを単位PTAと呼び、略称では「単P」もしくは「単会」などと呼ばれます。一般的な単P（単会）のPTA組織は、会長、副会長、書記、会計、庶務、監査などの役割があり本部役員と言われます。

○会長：会の代表者であり最高責任者。総会などの招集権を持ち統括に当たります。

○副会長：会長を補佐し、会の運営に当たりますが、複数名で任務に当たります。

○書記：会の記録をまとめ、連絡や通知係などを担当します。

○会計：予算・決算の管理者。金銭の出納、会計簿の保管整理をはじめPTAの財産の管理に当たります。

○庶務：右記の役割を補佐し、事務作業など担当していきます。

詳しくは「役員をやってみよう」の項で触れますが、本部役員以外には委員会（部会）と呼ばれる専門部が組織され分担してPTA活動が運営されていきます。

保健体育委員会・学年委員会・文化教養委員会・広報委員会・郊外指導委員会などが一般的な委員会（部会）です。

単Pは、日頃のPTA活動を行いながら、地域活動のパイプ役としても重要な役割を担っています。青少年育成協議会や自治会などにも、役員として参加し、まさに学校と地域をつなぐパイプ役になるのです。

さて、組織を運営するに当たり「規約」の果たす役割が重要になってきます。規約とは、組織が活動を展開していく上で必要な基本的な取り決めです。PTAによっては長年活動していることで規約は時代に合わなくなってきている場合もあるでしょう。時代の変化に伴い、社会情勢や会員の意識、また子どもや先生方の意識や価値観も変化してきています。必要に応じ、会員同士で話し合いながら必要に応じて改正していくべきでしょう。組織についても同様です。かつては有効であった役員会や委員会も、時代が求める新たな委員会が必要な場合もあります。新設・廃止・改善・統合を必要に応じて推進していきましょう。規約で補えない場合は細則を設けていきます。規約や細則は全会員の理解のもとに成立していますので、一部の役員や委員だけが理解しているというのは、言った言わない、などのトラブルの要因にもなりますので、特に気をつけましょう。規約の変更や改正は通常は総会で行います。規約に盛り込む内容として特に重要なポイントは二つあります。

一つは、「目的」です。会の目的や運営方針を決め、そのための基本的な活動内容を記していきます。目的がないＰＴＡ活動は航海図を持たず海に出ていくようなもので、どこに向かっていくのか分かりませんし、行き当たりばったりになってしまいます。二つめに、具体的な「運営方法」です。会員資格・会費・役員選出方法・任期など明確にします。会の目的・運営方針を達成するための手段として、日頃の活動があることを確認しておく必要があります。

やってみようPTA活動

1 はじめてPTA会員になったけど、何をすればいいの？

子どもが小学校に入学して、PTAに加入はしたけれど、どんな活動があり、どのようなことをすればよいのか分からないと思います。では、まずPTAの意味から説明します。

PTAとは、

Parent（ペアレント）――――保護者
Teacher（ティーチャー）――――教師
Association（アソシエーション）――協会

という意味で、その頭文字を取ってPTAと呼んでいます。PTAは、保護者のみの団体と思われがちですが、教師（Teacher）もPTAであることを知っておきましょう。

そしてPTAは、保護者と教職員による「社会教育関係団体」であるということも知ってほしいと思います。社会教育とは、自らの楽しみだけでなく地域社会への還元につながる活動を行っている団体のことをさします。

PTAは、すべての児童生徒のための活動というのが本来のあり方です。我が子だけでなく、我が子を取りまく地域、学校、保護者と協力して活動する団体です。

子どもは、家庭だけで育つものではなく、学校や地域で温かく見守られ育っていくものです。はじめてPTA会員になられたら、それらの基本知識を持ち、まずは、学校行事に参加することから始めてはどうでしょう。参加することで、我が子が、たくさんの目で見守られていることに気づくと思います。登下校時のパトロールや委員や役員の方々のサポートの一つひとつの協力に気づくと思います。

「自分の子どもも、PTAに守られている！」ということに気づいたら、次は、自分にできることのお手伝いから始めてはどうでしょうか。学校やPTAからの参加協力のお願いが来ましたら、できる範囲の中で協力をしてみてください。PTAでは、「一人一役」や「お手伝いポイント制」や「卒業までに一役制」などといろいろなやり方で、ＰＴＡ活動へ参加しやすいきっかけを独自につくっています。お子さんが入学されましたら、まずはそれらの活動に参加されることをお勧めいたします。

2 ＰＴＡ活動にはどんなものがありますか？

では、具体的にどのような活動があるのかあげてみましょう。

1. 学校行事の運営を手伝う。

学校には様々な行事があります。運動会（体育会）・文化祭・バザー・音楽コンクール・遠足・授業参観（保護者懇談会）等々です。それらの行事は、主に学校が企画し主催しますが、ＰＴＡが協力をすることでより運営がスムーズになり、多くの目が入ることで更に安全な学校行事になると思われます。

たとえば、

【運動会・体育会】
- テントの設営や片付け
- 正門などの入場規制やパトロール
- トイレの清掃
- 保護者のシート敷や場所取りの誘導
- ＰＴＡ種目の係　など

【バザー】
- 模擬店の企画開催
- パトロール　など

【遠足】
- 引率のサポート

【授業参観（保護者懇談会）】
- 懇談会の司会　など

です。

協力の仕方は、学校の規模や状況により様々です。行事ごとの運営のお手伝いをします。

2. 子どもたちの健全育成に関する研修会に参加する。

ＰＴＡ主催の研修会が市町村内・区市郡・県内・県外などで開催されています。それらは、子育てに関する研修が中心です。専門的な研修会に参加することで、子育てのヒントや悩みの解決法を学ぶ機会となります。また、研修会を企画することもあります。今、必要と思われる学びの場を企画することで、共に子育ての悩みを共有する機会をつくることもできます。

3. 学校や児童・生徒の様子を保護者や地域に伝える広報。

「ＰＴＡ新聞」や「ＰＴＡだより」という広報紙を発行したり、ホームページやフェイスブックなどを開設し、学校内のＰＴＡ活動のお知らせや、地域の行事の紹介やＰＴＡの参加情報等を伝えます。また、コミュニティスクールのように、地域の回覧板にＰＴＡ新聞を付けることで、地域に根付いた学校の在り方をつくることもできます。このように、広報の工夫をすることで、ＰＴＡや地域の方々だけでなく、他の学校へも様々な活動のお知らせや情報を伝えることができます。情報を知ることで、現状をさらに良い活動へと進化させることができ、活動の見直しにもなります。

4. 登下校時の安全パトロール。

登校や下校の時間に、交差点や交通量の多いところや危険個所、また、人通りの少なくなる場所に立ち、登下校の見守り活動を行います。

子どもたちの安全を確保することはもちろんのこと、「おはよう」や「おかえりなさい」と声をかけ合うことで、地域での顔見知りが増え、子どもたちが安心して登下校できる環境をつくることも行います。

5. 卒業式や記念行事のときなど、記念品を贈呈する。

学校運営に必要なものを、バザーや資源回収やベルマーク回収などの収益で購入し、活用してもらうことや、卒業時に、今後必要となる記念品を贈呈することも行います。このことにより、物を大切にすること、いただいたことに対する感謝の気持ちを忘れないことを子どもたちに伝えることも大切です。

6. 地域の行事へ参加する。

地域には、地域独自の行事が多々あります。子どもたちと一緒に、地域や学校の伝統や歴史を知り、その意味を知ることができます。

上記の活動の他、学校やＰＴＡごとに特色のある様々な活動があると思います。ＰＴＡの活動は、どれも、子どもたちが多くの大人たちから温かく見守られ育っているということを感じられるものです。

3 委員会活動にはどんなものがありますか？

委員会は、左記の図のように、いくつかの部門に分かれています。

学級・学年の組織の、「学年委員会」です。「学級分会」とは、その学級のとりまとめの代表の保護者です。「学年分会」とは、学級委員のまとまりで、その学年の学級委員会の集まりの委員会です。学年行事のお手伝いなどを行います。

その他に、地域とＰＴＡをつなぐ、「地区委員会」があります。地区ごとに行う行事のとりまとめや、地域の自治会との連絡を行ったり、登下校時の見守りやパトロールの活動を行ったり、その協力のお願いをします。

他には、「専門委員会」があります。専門的な分野に分かれ研修を企画したり、お知らせを発信したりします。

【教養・図書委員会】

ＰＴＡ向けの研修会を企画し開催します。

図書館の管理のお手伝いや、ＰＴＡ図書の貸し出しなどを行います。

【広報委員会】

「ＰＴＡ新聞」や「ＰＴＡだより」などの広報紙の製作や編集を行い、発行をします。

【保健委員会】

保健的な研修や健康情報を発信したり、給食試食会を開催したりします。

【安全委員会】

子どもたちの安全な登下校の見守りやパトロールの当番を決めたり、校区内の危険個所などを行政へ陳情します。

【バザー委員会】

イベントなどの中で、バザーを企画し、その収益で学校に必要なものを購入します。

【ベルマーク委員会】

ベルマークの回収を行い、仕分け作業をし、学校に必要なものへと変えます。

委員会活動名と内容は、各ＰＴＡにより様々です。それぞれのＰＴＡ独自の組織で運営しています。

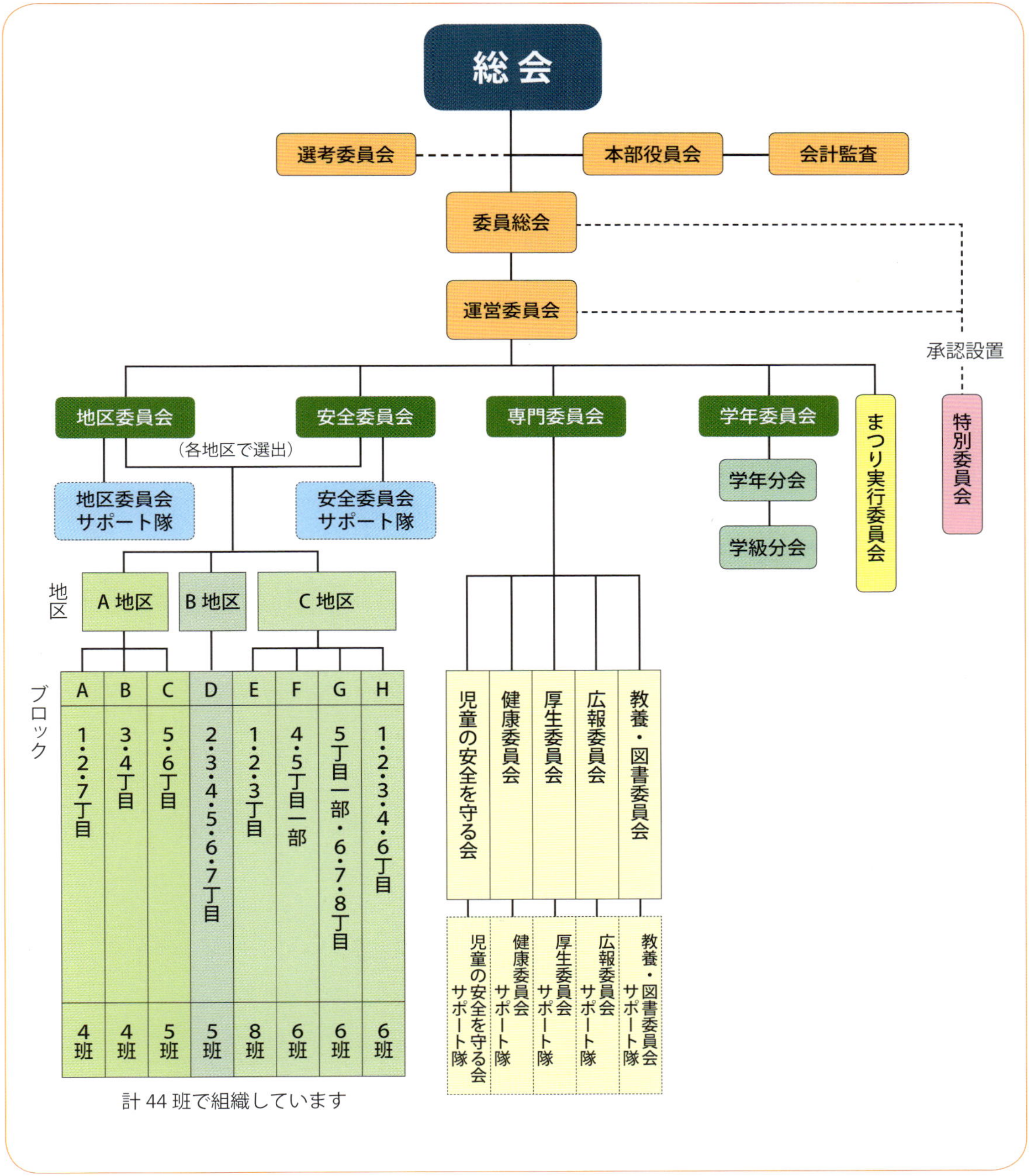

総会
選考委員会
本部役員会
会計監査
委員総会
運営委員会
承認設置
地区委員会
安全委員会
専門委員会
学年委員会
まつり実行委員会
特別委員会
（各地区で選出）
地区委員会サポート隊
安全委員会サポート隊
学年分会
学級分会
地区
A地区
B地区
C地区
ブロック
A 1・2・7丁目 4班
B 3・4丁目 4班
C 5・6丁目 5班
D 2・3・4・5・6・7丁目 5班
E 1・2・3丁目 8班
F 4・5丁目一部 6班
G 5丁目一部・6・7・8丁目 6班
H 1・2・3・4・6丁目 6班
計44班で組織しています
児童の安全を守る会
健康委員会
厚生委員会
広報委員会
教養・図書委員会
児童の安全を守る会サポート隊
健康委員会サポート隊
厚生委員会サポート隊
広報委員会サポート隊
教養・図書委員会サポート隊

役員をやってみよう

1 PTAの役員とは？

●PTA活動の中心

PTAの役員とは、「PTA活動の中心」となり推進していく人のことです。でも難しく考える必要はありません。PTA会員は、見ず知らずの人ではありません。同じ学校に子どもを通わせている保護者とその学校の先生です。PTAは様々な活動をしていますが、保護者の仲間同士の会でもあります。家庭の中の仕事、会社での仕事、子育てとある中で、活動していくことは大変かもしれません。様々な環境の人がいる中で、一概に言えないかもしれませんが、皆それぞれにやりくりをしていろいろな生活以外の活動をしているのではないでしょうか。PTAだけが大変なわけではありません。でもPTAはやらなくてもよいものと考えられがちです。それは何故でしょうか？それはPTAについて理解がされていないからだと思います。ですので、PTAの役員の仕事を会員の皆さんに教えること、知らせることも役員の仕事といえます。

●様々な力を生かす

PTAの役員はよく「やりたい人がやればいい」、「できる人がやればいい」といわれます。では何故率先してやってくださる方がいないのでしょうか？　理由を考えてみましょう。同じ目的を持ち、利害関係のある人たちの組織であれば、同じ考えを持った人が集まるかもしれません。また主従の関係や雇用関係があるのであれば、いわゆるトップダウンの考え方で組織が運営できるでしょう。しかしながら、PTAはその地域に住むということと、同じ年代の子どもを持つという共通点以外は、環境も考え方も違う人たちが集まっています。ですからPTAの役員も様々な人が行うことが望ましいのです。様々な意見を交換することができ、各人の持つ能力や技能を生かし合うことができるのがPTAの特徴です。また保護者会員は同じ地域に住んでいますので、PTAを中心に地域社会の連携と世論の形成を促し、地域ぐるみの団結や活動も期待できます。

●みんなのまとめ役

組織や人の集合体について考えてみましょう。いろいろな組織や集合体が世の中にはあります。活動や運動の目的は様々ですが、組織や集合体を動かすには必ず「まとめ役」が必要になります。考え方や、環境の違う人が一つの活動を行うには、それをまとめる人が必要になることは皆さんもお分かりいただけることと思います。そのまとめ役をする人がＰＴＡでは役員になります。誰でも苦手なことを押し付けられるのは、とてもストレスのたまることです。文書の作成はパソコンの得意な人、バザーなどの仕切りは明るく女子力の高い人など、それぞれの強みを生かして活動できることは効率もよくなり、やり甲斐を持ってストレスなく進められるのではないでしょうか。同じ役割をする人が集まるとパフォーマンスが低下する「集団の損失」は、昔から示されてきた理論です。集まった仲間一人ひとりのパフォーマンスが最大になるよう、得意な人へ役割を割り振っていけるようにしていくことも役員の大切な役割になります。

●人の和を大切に

ＰＴＡの役員には、通常　①会長、②副会長、③書記、④会計、⑤監査などを置くのが一般的です。任期は、大抵一年であることが多いです（複数年になることもあります）。一年単位で変わることで良い点、悪い点は両方あります。役員は一般の会員さんより責任が大きくなりますが、教育の専門家だったり、特別な有資格者である必要はありません。求められるのは、ＰＴＡの方針を深く理解するとともに、教育への情熱を持ち、人の「和を大切に」できるということです。会員の皆さんの声に耳を傾け、民主的な組織運営ができるということが、役員に望まれる資質になります。

●今までと違う自分に出会う

もしかすると、できれば遠慮したいのがＰＴＡの役員かもしれません。でもちょっと考えてみてください。ＰＴＡは子どもたちの健全な育成を図ることを目的に、保護者と先生が協力して学校・家庭・地域社会における教育に関する理解を深め、教育の振興に努めることを第一義に掲げています。誰かがやらなければならないことと考えるよりは、自分のできることを探して、ＰＴＡ活動のメリットとともに、子どもの学校生活にかかわれるチャンスと捉え、積極的に参加してみてはいかかでしょうか。きっと今までと違う自分や知り合いに出会えるはずです。

2 会長はどんな役割？

会長にはどんな役割があるのでしょうか。会長ですので、「会の総責任者」になります。具体的な仕事の内容は、それぞれのPTAや会の中に定款や規約があると思いますが、その中に職能要件が書かれていると思います。大きくいうと会長の権限（仕事）は総会や各会議の招集、進行（議長役）があります。またPTAの行事や学校行事でのPTAを代表して挨拶があります。

また会長は、単位PTAのことだけでなく所属する、市や町のPTA連合会、協議会への参加・運営などの役割を担います。行政の各種審議会などの委員を委嘱されることもあります。

●会の責任者として

会長になると大変というイメージが強いかもしれません。確かにすべてを会長一人が行おうとすると大変です。というより無理なことです。

前項でも述べましたが、同じ役割をする人が集まるとパフォーマンスが低下する「集団の損失」が起きないように、集まった仲間一人ひとりのパフォーマンスが最大になるよう、得意な人へ役割を割り振っていくことが会長の一番の役割になると思います。

●外とのつなぎ役・パイプ役

会長は、単位PTAを運営していくことが大きな役割ではありますが、どちらかというと単位PTAの「外とのつなぎ役・パイプ役」という役割の方が大きいです。単位PTAの運営は会長以外の役員さんに任せて、市や県などの連合会や協議会に参加をして、今日的な課題やPTAのあり方、子どもたちを取りまく環境の変化への対応の方法など、単位PTAの保護者の皆さんが家庭の教育力の向上や子どもとともに歩んでいくための必要な情報の収集や共有、学びを得られるよう情報を得てくるという大切な役割を担っています。

●行事での挨拶

これまでにあげた内容は一例であり、必ず会長が行わなければならないものではありません。例をあげるのなら、入学式や卒業式などの行事の挨拶は会長でなくてもいいのです。副会長でも委員長や部長でも構いません。ＰＴＡ会長挨拶となっているのであれば、ＰＴＡ代表挨拶に変えればよいのです。もちろん会長が挨拶をするなということではありませんが、いつも会長が話すより、たとえば入学式は会長、総会は副会長、運動会・体育祭は部長、卒業式は委員長なんてことができるのです。これって楽しくないですか。いつも同じ会長が話すことも当然良いと思います。またＰＴＡはいつも誰が話すのか行ってみないとわからない、これも一つの楽しみになったりしないでしょうか。無茶苦茶な話をしているように思われるかもしれませんが、会長しか挨拶してはいけないという決まりはありません。そもそも誰がそのように決めたのでしょうか。誰も決めていません。昔からそうだったからということだけで決め付けていることはないでしょうか。もちろん会長と副会長は違いますし、会長と部長や委員長も違うでしょう。でも会長も副会長も部長も委員長もみんな同じ役員なのです。

●過去にとらわれない

会長だから、副会長だから、〇〇だからという考えで物事を考えていないでしょうか。社会も私たちを取りまく環境も変化をしています、その中でＰＴＡも時代に対応して変化をしていくことが必要です。過去に捉われすぎることなく、変えてはならないことと変えていくべきことを見極め、積極的な変化をしていくことも求められていると思います。ＰＴＡのイメージを変えるにはまず会長や役員が、明るく積極的に活動をしていくことが大切です。また慣例に捉われず、変化をしていけることは組織にとってもプラスになります。そのＰＴＡの活動の先頭に立つのが会長になります。ＰＴＡの活動はそれぞれであり、同じではありません。ですので、このようにしなければならないという役割を考えるのではなく、多くの仲間と子どもたちがいる今だからできるＰＴＡ活動に生き生きと取り組めるよう会を進めていくことが、会長の役割なのです。

3 副会長はどんな役割？

●会長の補佐

単位ＰＴＡによって多少の違いはありますが、副会長の役割は大きく分けると次の２つになります。会長の補佐と代理という役割になります。それぞれの単位ＰＴＡの規約に副会長の仕事は「会長を補佐し……」とあると思います。

さて、では補佐をするということはどんなことでしょうか。「補佐する」を辞書で調べてみると、「することの傍らでその人の仕事を助ける」と出てきます。副会長は文字通り会長を助け、会長がいないときの代理を務めることが大きな役割になります。では会長がいるとき、副会長は何もしなくていいのでしょうか。前述の会長の役割に記したように会長は、「外とのつなぎ役・パイプ役」という大きな役割がありますので、単位ＰＴＡをしっかり運営していくためには副会長の役割はとても重要になります。

●ＰＴＡ内の意見集約

多くの単位ＰＴＡでは、事業を効率よく分担して行うために、委員会や部会を設けるのが一般的です。会員や役員全員ですべてのことを行うことは、現実的ではありませんし、効率も良くありません。ＰＴＡだけではなく、社会一般に組織には委員会や部会を設けるのが通例ですし、作業効率・精度を上げるためにも有効な手段として広く知られています。その委員会や部会がその年度の方針に沿って活動が運営されているかを確認するとともに、委員会や部会からの意見を集約して会の運営に反映させるために、副会長が担当するという方法が一般的です。これも副会長の役割の一つになります。担当をするということは、委員会や部会に入り込むことではなく、大所高所から方向性が逸れていないかを見ていくことが大切です。委員会や部会にはそれぞれ委員長や部長がいます。実際に活動の中心になるのはその人たちが理想です。役員が活動をしないわけではありませんが、フォローや応援に回れるようになると会はとても良い状態にできると思います。

また副会長は会長とともに、執行部や本部（言い方はそれぞれのＰＴＡにより異なりますが）の会合に出席し、話し合いに参加をするとともに意見を述べるという役割も担っています。会長はいろいろと考えていますが、一人ではいい答えは出てきません。またＰＴＡは会社組織ではないので、トップダウンが適当ではないときも多くあります。もちろん方向性や、やりたいことを伝えることは大切ですが、皆で話し合い結論に導くこともＰＴＡではとても大切になります。そのためにも副会長の役割はとても重要です。立場が人をつくるというわけではありませんが、それぞれの立場で会のための意見交換ができるとＰＴＡの組織は理想的になると思います。

●他の会への参加

単位ＰＴＡ以外の活動にも副会長は参加をする役割が出てきます。市町村や地区などの連合会・協議会の研修会や講演会などへの参加も必要になるときがあります。多用な中ですので、無理をする必要はないかもしれませんが、機会が合うときは積極的に参加をしてみてはいかかでしょうか。他の学校のＰＴＡ活動を知ることは、自分の学校の活動を考えることにつながります。また同じ立場で活動している他のＰＴＡの人たちに会うことができます。自分の学校だけでは見えなかったことや、新しい発見が必ずあります。新たな友人づくりを是非してみてください。周りを見ながら、自身の学校ＰＴＡの活動を考えていくのも、副会長の大切な役割です。

4 会計はどんな役割？

●ＰＴＡのお金の管理

会計の役割は、その単位ＰＴＡの活動・運営にかかわる金銭の出納業務（お金の出し入れ）になります。実際にお金を管理するのが仕事になりますので、会計は二人以上選出するのがよいです。ＰＴＡの会費は一人当たり、あまり大きな金額ではないのですが、やはり全校児童・生徒数を集めると相当な金額になります。一人の会計担当者が通帳を預かるというのは、精神的負担も大きいですし、大金を一人で扱うということはいろいろな意味で問題が生じかねません。また金銭の出し入れを行いますので、少ない人数で行うとその人への負担が大きくなりますし、出入金を溜めてしまうことにもなりかねません。学校の規模にも関係してきますが、複数人で行うのが望ましいでしょう。

ＰＴＡの会計には活動（事業）に使用するものと、単位ＰＴＡを運営するものとに大きく分けられます。いずれも使用する際には、役員から承認をもらい、会計が確認をして出金するという流れになるのが一般的です。最初に予算分のお金を渡して、「いくら使いましたので」と報告する管理方法もありますが、使途を明確にするという観点からは適当ではありません。ＰＴＡが活動を行う財源はほとんどが会費によってまかなわれますので、適切に利用されたかをキチンと報告するためにも大変重要なことです。

●決算書の作成

また会計の仕事で最もウエイトを占めるのが決算書の作成になります。決算とは年度が終了する時点でその年度の会計を締めるということです。決算書はその年度内の収入と支出をまとめた報告書のことをいいます。一年間の収入と支出をまとめなければなりませんので、日頃から準備をしておくと作業がスムーズにいきます。また、はじめに前年や過去の決算書に目を通しておくとよいでしょう。どのような項目があり、何に対応するのかを知っておくことが大切になります。

●相談しながら…

どの役員も引継ぎは大切ですが、会計は特に引継ぎをしっかり行うことが重要ですし、慣れるまでは経験者にアドバイスをもらうようにするとより良いと思います。ＰＴＡの支出として適当かの判断がはじめは難しいかもしれませんので、会長や担当の副会長に相談するようにしましょう。ＰＴＡの会費（予算）はＰＴＡ活動を行うためのものであり、ＰＴＡの目的達成のために使われなければなりません。学校環境を整備するためにあるわけではなく、教育環境をより良くするためにあります。また子どもたちに還元することが目的ではありませんし、その年度で使いきる必要はありません。それぞれのＰＴＡの目的達成のために適切に使われるということが大切です。他の単位ＰＴＡと同じように使う必要はありませんが、使途は会員の皆さんに理解をしていただかなければなりません。そのためには予算書が必要になります。この予算書の作成も会計の役割になります。

●予算書の作成

予算の作成は、年度の運営や活動計画とともにＰＴＡ会費の使い道を明確にするためのものです。予算の作成は該当年度の活動の開始前に作成するのが原則ですので、決算を終えた会計の最後の仕事になることが多いようです。ＰＴＡの役員は一年で交代することが多く一般的ですので、新年度の役員が内容を把握できないということが起こりやすいです。ですので、会計や役員の経験者の方たちは次年度がしっかりと動き出すまでアドバイスをしてあげることも大切になります。

5 庶務はなにをするところ？

●縁の下の力持ち

庶務とは一言では説明しにくい役割ですが、何でも屋さんのイメージが強いかもしれません。会議の資料の準備、総会の資料の作成、会議のお知らせなどの発送など、運営の様々な用務をこなす役割を担います。また、会長や副会長など他の役員の補佐の役割も担います。総務や書記と言われることもあります。

縁の下の力持ち的存在である庶務は、会議のレジュメや議事録を作成するうちに、PTA全体の動きを事務的な側面から把握できるようになります。役員会のレジュメを作成するには、過去の資料に目を通して今後の流れや一年の全体の流れを知る必要があります。それをしっかりしておけば役員会の流れを仕切ることができます。事務をしていくうちにPTAの仕組みや特徴などがわかってくるという楽しみがあると思います。

みんなが集まる時間は貴重なものです。一人にとっては1時間でも10人集まれば10時間分をその会議に使うことになります。会議で何を決めないといけないのか、どのような順番で討議するのか、そのために何を準備すればよいのか。これらをキチンとしておくと多少雑談をはさんでも、必要な話し合いが次々と片付いていきます。途中で資料をさがしたり、コピーをとりにいくこともありません。役員会が終わって帰宅してから、役員間でメールやSNSを飛ばし合うことは大変です。庶務の力で会議をいかようにもつくっていけると思います。そういう意味では、とてもやりがいがありますし、単位PTAの要の役員でもあるのです。

●議事録や報告書の作成

また議事録や○○会報告書を作成することも庶務の役割になります。議事録や報告書があると役員や委員の方から相談や質問を受けたとき対応が楽になります。何が決まって何が決まっていないかをハッキリさせておかないと、一度決まったはずのことが一部の役員でローカルに蒸し返されたりして複雑にされたりしまいがちになります。役員会で何がどこまで決まったかが分かれば、もう一度検討し直した方がよいのか、次年度への課題にすべきかなどをキチンと判断できるようになります。人に先んじて流れを把握できると、作業の分担などの指示が出せるようになります。あるいは他の役員が指示を出す際にアドバイスができるようになります。役員の作業には、分けることで楽になる作業もあれば、分けることで全体の作業量が増えてしまうものもあるのです。またＰＴＡの特徴でもありますが、作業量が増えても全員で行わないといけないものもあります。

●ＰＴＡの切り盛り

庶務は、事務的な作業が多いイメージですが、単位ＰＴＡ全体の流れを知るとともに、なぜその事業が行われているのか、どのようにして始まったのかなどを整理することができます。事業を行うときの役割分担や人員配置なども庶務からアドバイスをしてあげられるようになります。単位ＰＴＡを切り盛りする要所です。役員の皆さんが、明るく楽しく活動できるように、会長や副会長にアドバイスできるのは庶務の役割です。言い換えれば自分の都合に合わせて、単位ＰＴＡをよりよいものにしていけるのが、庶務の楽しさかもしれません。

6 広報委員は何を広報するところ？

●広報を行う意味・意義は

　ＰＴＡの広報は保護者と先生が協力して家庭と学校における教育効果をあげ、成人教育などを通じて、より良い環境・地域社会をつくり、子どもたちの健全育成を図るという目的を達成するために行われるものです。そのために「ＰＴＡの広報紙」は「**家庭と学校のコミュニケーションを結ぶ有効な手段**」になります。ＰＴＡや学校は様々な活動をしています。学校は教育目標や教育活動、学校行事を「学校だより」などを通じてお知らせしていると思います。ＰＴＡも様々な研修会や実践の活動を行っています。それを伝える手段として「ＰＴＡ広報紙」があり、会員は活動を知る機会を持つことができます。

　ＰＴＡの広報には大きく二つの意味合いがあります。「**活動内容を伝えその成果を会員に還元する**こと」、内容を伝えることで次は「**『参加しよう』**と**いう意識を起こし、会員の参加意識の向上につなげること**」があります。まずはこの二つのことを意識して広報を行っていくことが大切です。また「ＰＴＡ広報紙」は作成そのものがＰＴＡ活動になります。素晴らしい紙面づくりを行うことも大切なことかもしれませんが、多くの会員が参加をして、ＰＴＡの現状や子どもたちの実態から課題を探り、見いだすとともに、解決に向けての活動や手法を考えていくということも大切な意義になります。

●広報紙のあり方とは

「ＰＴＡ広報紙」は、その活動を会員にお知らせし、興味や関心を持ってもらい多くの人がＰＴＡに参加をしてみたいなと思ってもらえるようなものにできるのが理想です。そのためにはいつも同じような時期に発行したり、内容がいつも変わらないというものでは意味がありません。たとえば一学期は先生方の写真を入れた紹介、二学期は運動会（体育祭）の紹介や子どもの感想の掲載、三学期は卒業する子どもたちの寄せ書きや写真、感想の掲載などの同じ内容になっていないでしょうか。学校行事の紹介に力を入れすぎ、「**肝心のＰＴＡ活動の記事**」が小さく片隅に追いやられていないでしょうか。学校行事を伝えることが必要でないというわけではありません。子どもたちの生き生きした表情は魅力的ですし、見た目もいいものです。行事に参加をできなかった保護者もいる中では、保護者の目線での行事を伝えることも必要ではあると思います。しかし広報紙は学校行事を伝えるためにあるものではないのです。**「大切なのは保護者、会員が知りたいと思うことをタイムリーに伝えてあげること」**の方が重要なのです。

●魅力ある広報をするために

限られた回数、予算の中でどのＰＴＡも広報紙の発行をしていると思います。そのような中では何を掲載していくか、何回発行するのか、ページはどのくらいかを考えることが重要になります。スケジュールを立てるとともに、編集会議や企画会議の中で紙面や広報の仕方を考えることが大切です。広報紙を作成する際は、どんな広報紙を作成するのか、内容はどのようにするかなどを、しっかり当初に考え、委員さんの限られた時間を有効に使うとともに、紙面を効率よく割り振りながら作成していくことが必要です。**「作業に時間をかけるより、企画や構成に時間をかける」**方が結果的に作業時間の短縮につながります。良い企画を立てるには情報が必要になります。ＰＴＡの活動だけに捉われず、地域の活動や普段の生活の中からでもいろいろな課題が見つかってくると思います。広報担当の方には少しでいいので、**「情報のアンテナを広げて」**いただき、積極的に情報を収集することをおすすめします。

●内容を充実するための工夫

企画が固まり、スケジュールが決定したらそれぞれの記事ごとに担当者を決めていくとよいでしょう。全員で一つのものを作成するというプロセスも大切ではありますが、皆で持ち寄り一つのものを作り上げることも一体感を醸成することにつながりますし、時間効率もあがります。また記事を書くのが得意な人もいれば苦手な人もいるでしょう。そんなときは、インタビュー形式にしてみたり、ＰＴＡ役員の座談会などの企画もよいと思います。また保護者へのアンケートをしたり、子どもたちへの取材も効果的です。どのようにやらなければいけないというものはありませんので、**「皆さんで積極的に」**作成をしてみてください。**「楽しみながら作成」**できるのが広報の一番の魅力かもしれません。

7 学校行事でのPTAの役割は？

●学校とPTAの目的と役割

学校の役割は、公教育の機関として憲法や教育基本法などの法律に従って教育活動を行うことになります。PTAは社会教育の役割を担っているため子どもたちの社会におけるあらゆる活動に関わることが役割となります。学校とPTAは**「子どもたちの健全な育成を図る」**という共通の目的を有していますが、役割はそれぞれに違います。しかし同じ目的を持つもの同士、お互いの違いを理解しながらそれぞれの立場で、学校教育の充実、向上に協力していくことが求められます。そのような意味においてもPTAは学校教育と密接に関わっているといえます。PTAの役割は学校を理解し、協力することなのです。学校とPTAのより良い関係は、一人ひとりの保護者と先生のつながりが基盤になります。**「難しく考えず一対一の人間として結びつきを深め、より良い関係」**を築いていきましょう。普段から先生方とコミュニケーションをとることで信頼関係を築き学校教育についての理解を深めるとともに、家庭・学校・地域が足並みを揃えて教育にあたり、様々な課題の防止、対策、解決につなげられるよう協力体制をつくることが大切になります。

学校とPTAの目的と役割

学校		PTA
子どもの健全な育成を図るため	目的	子どもの健全な育成を図るため
公教育の機関として憲法や教育基本法などの法律に従って教育活動を行う	役割	PTAは社会教育役割を担っているため子どもたちの社会におけるあらゆる活動に関わる

●学校行事でのPTAの役割

学校は一年間を通じて様々な行事があります。

入学式、授業参観、運動会（体育祭）、持久走大会、学校公開、研究発表会、校内音楽会、卒業式、などこれ以外にもたくさんあると思います。学校行事とＰＴＡ行事の違いは、どちらが主催をしているかになりますが、ＰＴＡの行事も学校と協力をして行うものが多いので、お互いに協力をしていくことが大切です。

普段、子どものために先生たちが行っていることを、何かの行事に対応するため、先生たちが行えなくなる時や、子どもたち、先生たち以外の人が学校に来たり、学校を使用する際にＰＴＡの協力が必要になります。具体的には多くの保護者が学校にくる参観日や運動会、学校が外部から指導や研究を受けるときなどがそれにあたります。そのようなときは、先生は授業以外の役割が多くなり、子どもたちや学校施設など同時にいくつかのものへの注意ができなくなります。通常であれば先生が行う下校の指導であったり、来場者の受付や案内だったりができなくなるので、ＰＴＡの協力が必要になります。学校は見ず知らずの人に手伝いはお願いできませんし、予算が豊富にあるわけではないので外部に委託することも現実的ではありません。ＰＴＡは無償だから安易にいろいろなことを頼まれる、そんな思いを持たれることがあるかもしれませんがそれは間違いです。私たちＰＴＡの役割は学校教育・環境の充実、向上に協力することです。自分たちの子どもたちが通う学校がより良くなるための活動に保護者として協力するのは当然のことなのです。とはいえすべての人がいつでもどこでも協力できるわけではありません。人により様々な事情があり、環境が違うのも事実です。**「ＰＴＡの中で効率的に分担をし、多くの方に携わってもらえる協力体制」**をつくっていくことが大切になります。

学校・地域により行事はいろいろあります。学校と話し合い、効率よく、効果的に協力できるようにしていきましょう。

こんな時どうする？

1 役員選考

●役員選考のいろいろ

役員選考の時期になると「困った、困った、なり手がいない。」という声や「困った。困った。なったらどうしよう。」という声があちらこちらから聞こえてきます。

選考方法はそれぞれのＰＴＡによって違うようです。多数の方が立候補されるＰＴＡもありますす。とはいえなかなか立候補される方がいない場合は、役員が次年度の役員を引き受けてもらいたい方に事前にお願いして、推薦というかたちで決定される場合も多いようです。特に会長職はこの形が多いようです。他には各ＰＴＡ独自の輪番制をとっていて、それぞれの地区から会長や役員を出すことがルールで決められている場合もあります。これは自動的に決定される意味合いが強いため、人選で紛糾する可能性は低いですが、他地区で会長にふさわしい方や立候補される方が現れても、ルール上は除外されてしまうことになります。輪番制そのものが地区の平等性の担保という意味合いもあるものの、「たぶんどうせ誰も立候補しないであろう」という役員就任に対する負のイメージによるものも少なくないように思います。また役員の再選、つまり同一人物の複数年役員もルール上は難しくなるでしょう。ここにも「複数年やろうという人など現れないであろう」という前提が見えます。一方で同一人物が長く役員を務め続けることを牽制するための輪番制という考えもありますが、どちらにせよ輪番制は総じてＰＴＡ役員への負のイメージが根底にあるといえなくもありません。そういう意味ではＰＴＡ役員のプラスのイメージを育てていくには輪番制は難しい側面があるといえます。くじ引き制をとっている地域もありますが、これも同じことです。人選時の紛糾ありきの苦肉のルールであるともいえましょう。

「立候補があればそれにこしたことはない」という方もいるでしょう。たしかにその立候補者の前向きな意欲は地域の財産です。ただその方はなぜ立候補しようとしたのでしょうか。ＰＴＡは一人の百歩より百人の一歩といいます。百人が手をつなげられる雰囲気づくりへの配慮のできる方こそがPTA活動が楽しくスムーズに運営していける要締です。そのような方が立候補されたのなら何の問題もありません。ただ、立候補された方が「自分は○○を何が何でも変えていく」と意気込んでいたら、それを百人と例えられる皆さんが後押ししてくれるかどうかを、地域のPTAのために見極めていくことが大切でしょう。

●みんなでやる

役員が「次年度役員にはこの方を」と推薦される方々は、比較的うまくPTAを運営されているように思います。もちろん次年度役員をお願いされている方が正式に役員に立候補されるのもいいでしょう。とにかくPTAは一人のスターがやることではありません。また本来子育てと同じでイヤイヤやることでもないということです。社会教育として地域社会の力を合わせて、子どもたちの幸せに貢献する社会教育関係団体ですから、皆でやること、そしてイヤイヤやらないことが本来の前提であるはずです。そういう観点では役員による次年度サポートを約束しながらの次年度役員のお願いがバランスの良い決め方であるようです。ただ会長または副会長までがこのスタイルで、他役員は輪番制というPTAも多くあります。それはそれでも構わないでしょう。

●PTAの未来を示す

さて具体的な役員選考の方法についてここまで言及してきましたが、役員選考とは本来そのPTAの在り方と未来を示すものであるという観点を最後にお話しします。

PTA役員になることは損であるという前提からは、役員選考は苦であり、PTA活動は義務であり、その参加はイヤイヤである風潮を生んでいきます。PTA役員になることはいい経験であるという前提からは、役員選考は地域の未来への大切な節目であり、PTA活動は地域のための活動であり、その参加は喜んで行うボランティア活動となっていき、地域の活力と子どもたちの笑顔と地域愛につながっていきます。

普段からのPTA活動が、役員にとって楽しい活動であるばかりでなく、会員や地域みんなにとって楽しい活動であることを心がける月日を刻みながら、素晴らしい役員選考が生まれ、素晴らしいPTA、輝かしい地域の未来が育ちます。

2 活動への参加率の低下

●PTA活動への参加

「こんなに忙しいときにPTA行事だなんて。絶対参加しなくちゃいけないのかなあ?」

様々な場面で聞こえてきそうなフレーズです。PTAの活動への参加率の低下は、それぞれのPTAの日常的な悩みであるようです。

ここではこの「参加率への低下」の改善について考えてみましょう。

PTA活動への参加には「主催運営側の参加」と「活動への出席参加」があります。ここではまず「主催運営側の参加」について考えてみましょう。活動の主催運営を担うと、事前会議から前日準備や当日運営など、文字通り汗をかいて時間と労力を費やします。その過程における大変さは経験した人でないと分からないとよく言われます。ただその楽しさも経験した人でないとわからないとよく言われます。

●相手の立場に立って

さて、企業経営者や様々な自営業の方、また主婦の方や公務員の方など、PTA役員の方々の日常的な背景は様々です。日常の物事の進め方や考え方、普段の言葉や生活のリズムなどの異なる様々な方々が力を合わせて一つの行事を企画して運営していきます。つまり物事を決定に導く協議打ち合わせや、決定事項をスムーズに運営していく過程には、思いがけない不一致がいたるところに存在してしまうわけです。いかに相手の立場に立って考え､思いやりの心をもって振る舞うかが、運営をスムーズに進める要締になります。日常でそこまでしなくてもいいところまで気を配りながら、相手を理解し進めていくことは時に大変さを感じることも多いわけです。

しかし一方で、それを乗り越えてコミュニケーションをつなぎ、その成果として一つの行事活動を成し遂げたときの達成感は、乗り越えた方だけが味わえる幸せな経験でもあります。日常ではなかなか力を合わす機会もない方々、PTAというご縁で出会った方々と（子どもたちの顔を思い浮かべながら）相互にわかり合おうという良心を出し合いながらつくりあげていく過程そのものには、保護者である自分自身の学びを感じる方々も少なくありません。

　このように主催運営側だけが味わえる経験があるわけです。子どもがいるからこそ経験できる子どもからのプレゼントであるともいえます。このように、活動を主催運営していく意義が広まることが参加率低下の改善の第一といえます。

●運営を楽しむ

　その意義が広まるためにも、次に大切なことは「運営を楽しむという姿勢」です。主催運営側が決して損な役回りではなく、ありがたく楽しい役回りであることが一目でわかるためにも、運営側の楽しい笑顔がそこには欠かせません。しかし、ここで大切なことは役員仲間だけが楽しむ縄張り意識をもってはいけないということです。ＰＴＡ役員とは前述しましたように「偉い人」ではなく「自然に皆を巻き込める人」です。つまりまわりに楽しさを提供する心をもった人です。まわりに楽しさを提供する、そのことに楽しさを感じる心で楽しく笑顔で輪を広げていってください。

●みんなのことを考える

　次に、「活動への出席参加」について考えてみます。会員の活動への参加率の低下の改善に関しては、これまで述べたような日々の雰囲気をつくり出していくことも、土壌として大切になることはわかっていただけたと思います。土壌とは皆のことを考える心です。この心は活動の企画段階から発揮されることが大切です。たとえば、たまたま役員の方が聞きたい講師を呼んでの講演会ではなく、会員皆が幸せになることを念頭に講演会を企画することなど、役員が自分たちからの目線だけで考えた企画活動に対して会員に出席を要請するとなると、会員も役員に対して「上から目線」を感じたり「役員の企画に合わしてやっている」という感情を抱いたりします。一方の役員は自分たちの好き嫌いで企画できるのが役員の特権だといわんばかりの発信をしたり、内輪で盛り上がったりすると会員は白けてしまうばかりです。

　いつもまわりの声に耳を傾け、皆を巻き込みながらの活動は大変な気もしますが、要は「人柄」です。人柄の根底は「やさしさ」と「笑顔」「思いやり」でありましょう。

　保護者であるわたしたちも一肌脱いで人間的に成長する機会でもあります。子どもたちからプレゼントされた授業のようなものです。

3 規約の改定など

●改定の必要性を伝える

規約の改定を実施したいときに、一番大切なのは「なぜ今、改定をする必要があるのか？」という改定の必要性です。誰もがなるほどと思うほどの必要性の発信が最初のスタートになります。それほど規約の改定は重要な件となるわけです。

ＰＴＡは一人のスターがすべてを決めていく団体ではありません。みんなの調和を図りながら全体最適で動く団体です。それだけに恣意的なものではなく客観的な観点で定められたルールに基づく必要があります。それが規約です。ただし規約を作成するのも人間です。人間には考えがありますから、どの規約にもその作成の前提となる考え方または地域の文化常識が見え隠れしているものです。時にそれは行き過ぎたものがあったり、また当時は行き過ぎていなかったとしても時代の変化とともに生じたズレによって徐々に日常に合わなくなってきたりするものもあります。

そんなとき規約の見直しの声が上がり始めます。会長はまず役員会で規約改定の必要性を全役員に説き、改定への方向に進んでいく同意を得ます。その後、まずは会長をはじめとする役員の中の一部で構成される、規約改定案作成プロジェクトチームなどを立ち上げ、規約改定案づくりに入ります。

どの条項がどういう理由でどう改定されるのか、を明確にしながら改定案づくりは進みます。大切なことは「ＰＴＡのプロ」は誰も存在しないということです。規約となるとどうしても難しい単語が並ぶ傾向があり、それは規約である以上仕方がない面もあるでしょうが、前述しましたように「ＰＴＡのプロ」は誰もいないわけですから、できるだけ平易な言葉に配慮しながら改定案を作成していきます。

●改定までの流れ

改定案ができましたら、次は役員会にて改定案を審議し、その可否を諮ります。規約には本規約と細則など様々な種類がありますが、細則などは役員会の決定を本決定と見なすことがほとんどです。しかし本規約に係る重要な改定に関しては、状況に応じて総会の承認を必要とする場合もあります。その見極めはそれぞれのＰＴＡの本規約（会則）を参考にしてください。改定に総会の承認が必要なケースにおいては、定時総会での審議に持ち込むか、あるいは臨時総会を会長名で開催する必要があります。その際、一般会員にとっては規約の改定は身近な案件ではありませんから、なかなか総会の出席者が集まらずに採決有効となる定足数の出席者集めに苦労することが予想されます。そのため臨時総会を学校行事やＰＴＡ行事に合わせたり、または書面評決書をとっておいて当日の出席者が少なくても採決有効に持ち込む工夫をします。とにかく一番難しいのは、一般の会員に規約改定の必要性を理解いただくことなので、規約改定案の内容はもとより、改定に至る考え方の周知にこそエネルギーを注ぐ必要があります。「役員で勝手にやっておいて」という規約改定では「改定のための改定」になってしまい、「活動のための改定」という本来意義を果たしにくくなります。ＰＴＡ通信などの発行物など、様々な方法で考えを発信することの必要性は高まってきます。

そのためにもまずは半径３メートルから改定に至る考えを共有することこそ大切です。一部の人のための一部の人による改定にならないように、まずは役員一丸の共有、そして会員皆への共有を意識して進めることが規約改定の要諦です。

●未来の笑顔のため

このように述べると、規約改定はたいそう難しく労力がかかるものとして辟易してしまうかもしれません。しかし考えてみてください。これはあなたがやらなくても誰かがやらなくてはいけない地域ＰＴＡの課題です。課題があるからこそ改定の必要性が生まれたわけです。これから数年あるいは十数年地域のＰＴＡ活動の範となるルールづくりに携われる重要な仕事、未来のＰＴＡ役員の笑顔を思い浮かべて、課題解決のやりがいのある仕事と捉えていただいてはどうでしょうか？　そしてそれは子どもたちの笑顔にもつながっていく大切な改定であると考えていただいてはいかがでしょうか。

第3章

PTA Now & Do

佐藤　辰夫
中村　慶治

1. 役割を分担する工夫

PTAは戦後、子どもたちの教育の民主化を目的に、児童や生徒の保護者と教職員とで構成された組織です。主として学校は公教育を行う場であり、PTAは社会教育を行う団体です。それぞれ異なる性質を持った組織ですが子どもたちの健全な育成を担っています。各校ごとに組織されたPTAは、学校のサポートのみならず地域との連携、橋渡しを行い学校教育、社会教育双方に関わっています。具体的なPTAの役割は、①学校教育への協力、②保護者の家庭教育や社会教育、③地域社会との連携、④他団体との交流などがあります。

このように活動内容が広範囲にわたっており、社会情勢が目まぐるしく変化していく今日では、PTAの重要度が大きくなっています。しかし現在の社会環境の中では仕事や他のボランティア活動などで、「私は忙しいから」とか、「面倒だから好きな人がやればいい」という理由でPTA活動に参加をしない、または参加できない保護者がいます。しかし先に述べたようにPTAは子どもたちの健全育成を目的にした環境整備を行っています。そのためには多くの保護者が参加することで更に子どもたちの環境整備が進みます。

それでは参加しやすい環境をつくるためにはどのようにすればいいのか。全ての役割の負担を求めてはいません。PTAは様々な職業、能力を持った人たちの集まりです。それぞれができることをやればいいのです。役割を軽減するには分担をすればいいのです。その時にありがちなのが、「誰かお願い」と、その場にいる皆に呼びかけることです。これは一見平等に見えますが、この手法で手を挙げる人はあまり見かけません。手を挙げるどころか顔を伏せて目を合わせないことの方が多いのではないでしょうか。このようなときは、「○○さんお願いします」と名指しする方が実は受けてもらえる確率が高いのです。実際に声がかかるのを待っている人も多いのです。指名されることで、責任を持たされるのではないか。と心配する方もいますが、そこは、会長等の役員が「私が責任取るから思う存分やっていいよ」と付け加えるだけです。これは一つの事例ですが、とにかく、一人に押し付けないこと。一人でやろうとしないこと。これがスムーズにいく秘訣です。

2. 連絡網の工夫と情報共有の工夫

学校やPTAからの連絡、通知は児童、生徒を通して配布するプリント（紙媒体）が主流です。また緊急時にはクラス名簿を活用した電話連絡が行われてきました。しかし、最近では個人情報保護の観点からクラス名簿自体を作成しない学校が増えています。作成しても学校側のみで使用し役員の閲覧拒否も当たり前になりました。そのため例えば自分の子どもが普段遊んでいる相手の住所も知らないことが多いようです。

　では、どのようにしてＰＴＡの情報を発信すればよいのでしょうか。最近では多くの家庭に普及しているパソコンや保護者の携帯電話を用いた電子メールやＳＮＳを利用している学校が増えています。もっとも、私たちも仕事や日常生活を送る上で大変便利であることから重宝しています。これらの方法では、プリントが保護者に届かない、電話をしてもつながらないなどのデメリットのあった以前の方法と異なり、相手が確認（閲覧）したかもわかります。また、災害時の緊急連絡でも電話などの方法に比べ、つながりやすいなど有効な手段であることも確認されています。このようなメリットがある一方で、全ての家庭が対応できるわけではないので状況により従来のプリント配布を無くすことができないのも現状です。

　次に情報共有ですが、依然としてプリントによる情報発信が主流です。保護者に見ていただくことが前提であり、確かに保護者のもとに届けば情報の要点が一目瞭然で、効果は大きいです。これらに加えて先に述べた電子メール、ＳＮＳの活用、そして最近では多くの学校で既に活用されているホームページによる発信が有効ではないでしょうか。ただし、担当者を決めて頻繁に情報発信(更新)をしなければ効果は期待できません。

3. 会議の効率化の工夫

　ＰＴＡの会議は、何故かいつもダラダラと時間を守らず長いと感じる方も少なくはないと思います。実際に皆さんも経験していると思います。非効率的な会議の形式には、①会議には一部の人が言いたいことを言いまとまらない「空中分解型」、②誰も意見を言わず黙っている「沈黙型」、③議題に関係ない話をして予定時刻を過ぎてもダラダラと時間を費やす「ダラダラ型」のあまり受け入れたくない三つのタイプがあります。

　ＰＴＡが敬遠されるのは、この三形式に加えて平日開催が挙げられます。確かに仕事をしながら日中の会議に出席というのは無理があるでしょう。ましてや子育て真っ只中の年代の保護者が主体です。時間的な制約がある中で、いかに効率よく会議を行うかが求められます。普段会わない役員同士でコミュニケーションを図るという点ではわからなくもないですが、限られた時間内で会議を行うことは必要です。そのためには、事前にＰＴＡ担当教員（教頭や教務主任など）と協議事項の議題の設定や内容確認を行うことが大切です。また出席者には事前に資料を配付するなどの工夫も有効です。このことにより会議時間を短縮するだけではなく、事前に課題等を見つけることもできます。

また、普段から会議に慣れていない保護者のために、テーブル配置をコ型ではなく、円テーブルにすることにより活発な意見が出されたという事例があります。更には特殊な例ではありますが、土日の週末に会議を開催した学校もありました。それも朝7時からの開催で、モーニングを摂りながらの役員会開催です。この事例は特殊かもしれませんが工夫次第で可能です。会議も出席者の負担にならずに楽しむことが大事ではないでしょうか。

4. ＰＴＡ参加のメリット

ＰＴＡは運動会の手伝いや、教育講演会等の運営や参加者募集などが取り上げられ、面倒くさい、仕事を休んでまで一体何のメリットがあるのかと言われることがあります。確かに学校へ行く回数は増えるでしょう。しかしここには大きなメリットが隠れています。

学校へ足を運ぶことで家庭では気づかない、見つけることのできない我が子の様子を知ることができます。愛してやまない大切な我が子発見の大きなチャンスです。

教員や他の保護者と接することで、学校からの配布資料やネット等ではわからない情報を得ることもできるでしょう。また子育てには悩みが付き物です。全てを各家庭で解決できれば問題はありませんが、難しい問題に直面したときに一人で悩むことなく教員や保護者のみなさんと一緒に解決策を講じることもできるし、ＰＴＡ活動を通して気づきの機会を得られることも有益なことです。そこで解決できないような問題であれば組織力を生かして単位ＰＴＡ、各市町村ＰＴＡ連合会、更には都道府県・政令市ＰＴＡ連合会や日本ＰＴＡを活用することで情報の発信・収集や意見・陳情することもできます。ただし子どもに関係することであることを付け加えておきます。

一方、別な視点でＰＴＡをみるとＰＴＡは地域とも密接につながっており、学校だけではなく地域のこともわかるようになります。その地域に根ざした生活をしていくうえでは有益なことです。また子育ては「家庭・学校・地域が一緒に行うものだ」ということを聞いたことがあると思います。これに行政を加えて四者の融合と連携こそが子育ての鍵となります。保護者（家庭）だけではなく、四者それぞれが責任と義務を担うことで子どもたちは育てられています。

このように我が子の発見から子育ての悩み、地域連携までPTA活動を通してのメリットはたくさんありますが、是非自身でそのメリットを見つけてみてはいかがでしょうか。

5. 総会参加率を上げるには

総会出席者が少なく、委任状ばかりが届くという悲鳴を時々耳にします。総会はその年度の大切な方針を決定する場です。次のような事例があります。総会出席者が新入生の保護者＋役員＋教職員＋わずかな会員で全会員の2割にも満たない出席者数です。しかし執行部はこれが当たり前という雰囲気で会長も形式ばかりの参考書を真似た挨拶です。これでは何も伝わりません。人前で話をするのは苦手という方も多いと思いますが、下手でもいいです。自分の言葉で伝えることが大事です。この学校の新たに選出された会長が最初に取り組んだことは、総会をはじめ各行事にいかに多くの会員を参加させるかでした。参加率UPの方法は、お母さんのネットワークを最大限利用した声かけでした。親しい方から声をかけられると無碍に断れないという心理作戦です。次に行事そのものの意義を明確にし、各委員会や行事における役割を明確にして責任を持たせたのです。加えてPTAそのものを会長自身が楽しむことでした。たったこれだけの方法で翌年の総会出席者は倍増です。更にその翌年もまた倍増です。総会時に椅子の準備が間に合わず立ち見も出ました。またこれらの相乗効果で、役員や委員の立候補者が増え次年度の組織編成は困ることはなかったとのことです。

それぞれ環境、地域性により置かれている状況は異なるでしょうが、行事に縛られる運営ではなく行事を楽しむ運営が求められます。

6. 役員へのクレームや問合せに対する対応

PTAの役員や委員をやりたくない人がたくさんいるなかで、いろいろな事情はあったとしても、それを引き受けたあなたは素晴らしい人です。せっかく引き受けた役員ですから、前向きにとらえ、自分の人間としての成長に結びつけていかなければ損です。

しかしながら、役員ともなれば会員から様々なクレームや問合せが来ることもあるでしょう。その時の対応についての注意点をいくつかあげてみます。

■クレーム対応

クレームに対しては、いちいち目くじらを立てて言い合いをしてもお互いにメリットはありませんので、相手の言い分を低姿勢で聞きながらも譲れないところは譲れないと、毅然とした態度で接することが肝心です。

一番のポイントは、役員といっても権限があるわけではないので、自分の独断で勝手に判断したり、実行することはできない旨をきっぱり伝えることです。

そして「お互いに、子どものため、学校のために建設的な話し合いをしていきましょう。」と同意を促すことが大切です。

また、クレームの内容は必ず会長や関係する役員には報告しましょう。ひとりで背負い込まず、いろいろな人たちの智慧や人脈を結集して解決への糸口を見いだす努力を重ねましょう。

クレームは、とにかくすばやく対応することが重要です。具体的対応がなされず、クレームを言ってきた保護者に対して的確な対応をせず、放置するようなことがあってはいけません。

■問合せについて

ＰＴＡ活動や学校行事、その他いろいろわからないことについて役員へ問合せがくることもあると思います。

まず、問合せの内容がＰＴＡに関することなのか、学校に関することなのか冷静に判断しましょう。自分で判断が難しい場合は他の役員に相談しましょう。

勝手な判断で間違った情報や個人的な感情を伝えてしまうと新たな問題を生むことになります。

問合せに対する回答についても、自分が行った方がよいのか、会長や学校に任せた方がよいのか役員会等で協議しましょう。協議することで共通認識が図られ、連帯感が生まれます。

個人で判断し行動した場合はその責任を背負うことになるので注意が必要です。

クレームや問合せのほとんどに関係のあるのが「会員意識」の問題です。

そのことからも、ＰＴＡ活動を活発にしていくために、規約などを配り、ＰＴＡについて説明し、ＰＴＡ活動の意義を理解してもらうことと、ＰＴＡ活動の楽しさ、やりがいについても現役の役員・会員から積極的に伝えていくことが大切です。

また、ＰＴＡの日常活動のあらゆる面で、一緒になって問題解決に取り組むことができる、うちとけた信頼関係を日頃からつくり出していく地味な活動にねばり強く取り組んでいく必要があります。「委員になり手が少ない。ＰＴＡ活動への参加者が少ない。」等の原因を、会員としての意識が低調なせいであるという言葉ですべてを片づけてしまうならば、ＰＴＡの発展はありません。

会員としての意識が低いという現実があるならば、その原因を考え、もし欠けている点があれば、そのことを解消するための取り組みが必要です。それと同時にＰＴＡ活動の質を高めることや、会員がのびのびと参加できる明るい集団づくりも考え、総合的な対策を行わなければなりません。

日常的、継続的、自主的な活動が行われてこそ、会員にとって「私たちのＰＴＡ」になるのです。

7. 規約改定をするためには

国に法律があるように、各種団体にも目的や組織・活動などを決めた規約がなければなりません。

少人数のグループなどであれば、お互いに約束を決めて実行したり、そのつど約束を決めたりしても、そんなに問題は起きないと思いますが、ＰＴＡのように会員数も多く、様々な職業、年齢、考え方などを有する人びとが集まって集団を組織し、活動していくためには一定のルール（規約）が必要です。

規約（会則）は、ＰＴＡの組織・運営・活動の基本的なルールを文章化したもので、ＰＴＡの法律ともいえます。

児童生徒の幸せな成長を願って組織されるＰＴＡですから、その目的を達成できるような内容の規約を作成しなければなりません。

また、基本的な項目だけを定めた規約では、具体的にいつ・何を・誰が・どうすればよいのかわからないということが起こります。特にＰＴＡは役員の交替が頻繁に生じますので、継続的な活動を可能にするためには、運営・活動の詳細な手引きとして、細則という形で具体的な事柄を文章化しておくことが大切です。慣習として行っていることでも必要なことはできるだけ詳細に記載しておくようにしましょう。詳細は当然、規約に違反するものであってはなりません。

規約と細則は、会員に十分理解してもらうことが大切ですので、入学時などに一度だけ配付といったことではなく、いろいろな機会をとらえてできるだけ多くの会員に周知するようにしたいものです。

会員に周知する以上は、現在の規約がＰＴＡの現状と一致しているか。また、規約に規定されていることが守られているかなど、総点検を行ってみてください。意外と知らなかったことが発見できます。

規約は、ＰＴＡの法律ともいえるものですから、むやみに改定することはできるだけ避けなければなりません。しかし、時代の流れや要請で改めなければならないことも生じてきます。

規約を改定するためには、必ず総会の承認が必要です。規約改定の手続きについては、「総会において、出席者の3分の2以上の賛同を得て改正することができる。ただし、改正案は、総会の10日前までに全会員に通知されなければならない。」などというように、規約に規定されていますので、それにのっとって民主的に行うことが必要です。

特に会費の値上げや委員会の改廃については慎重に行う必要があります。会員へなぜ改定が必要なのかを事前に周知したり、必要に応じてアンケート調査なども行うことが望ましいでしょう。

細則の改定は、運営委員会等で行えるようになっているのが一般的です。規約に比べて簡単に改廃できるので、ともすると運営にあたる少人数の意見で変えられる危険性もあります。あくまでも改定には慎重に対処し、改定した結果は次の総会で必ず報告する必要があります。

（細則例）

○会費の額や納入方法
○役員の選出方法
○各委員の選出方法
○専門委員会の構成と任務
○表彰や慶弔規定　など
○会計の処理の仕方
○委員長の選出方法
○学年・学級PTAの構成と任務
○帳簿・文書等の保存

PTAの規約は全会員に周知しておくことが大切であり、規約に対する会員の関心を高める工夫や努力が必要です。そのためには、読みやすく分かりやすい内容で、必要最小限の内容、項目、さらには平易な表現を心がけましょう。

8. PTA行事の実質化

PTAは「保護者と教職員が協力して、家庭と学校と社会における児童、生徒の幸福な成長を図る」ことを目的として活動しています。

したがって、PTAが行う事業は、PTAの目的に合うものであり、その年度の活動方針にそって、会員の期待に応え、みんなで協力して実行できるものになっていることが大切です。

実施する事業が何のために行うのか、どのような手段・方法でその目的を達成するのかを明確にしておかないと、手段が目的となってしまう場合が多く見受けられます。

たとえば、研修会を開催する目的は会員の意識向上と研鑽を深めるためのはずです。その手段として講師を招いたりして研修会を開催するのですが、いつのまにか研修会を開催することが目的となってしまい、肝心な会員がお客様で参加するケースが多いように見受けられます。

「何のために」を常に考え、企画・立案・準備を行っていくようにしましょう。

事業計画を立てるポイントをいくつかご紹介します。

●事業を実施するには、目的を明確にすることが大切です。取り組む事業のねらいの焦点を絞って、具体的に、分かりやすい言葉で表現しましょう。

●事業を実施するには、参加対象を明確にする必要があります。全会員を対象とするのか、委員に限定するのか、特定の学級・学年を対象とするのか、それとも会員以外の人まで広げるのかを明確にします。

●子どもに関することや保護者としてのあり方等、会員の関心のあるテーマを中心として、全体の流れを考え内容に変化を持たせることが大切です。

●実施日までに十分な準備が行えるよう、余裕を持って設定します。また、他の事業との調整や会員の生活実態なども考慮して、会員の参加しやすい日と時間を設定しましょう。

●施設を利用する場合は、利用可能かどうかを事前に調査して、利用するための経費や手続き方法を確認しておきます。利用可能な場合は、主催者、責任者、連絡先、利用日時、事業の名称、予定人員などを明確に伝えて申し込み、実施要項等を用意して施設職員と十分な打合せを行いましょう。

●当日は、プログラムの内容や事前に調査した会場の状況や施設職員との打合せの内容を参考に、机、イスなどの配置を考え、講義を受けやすく、事業が効果的に進むように会場づくりを行います。視聴覚教材などを利用する場合は、教材に集中できるような配置を整える必要があります。

●PTA会費は、事業を通して、会員一人ひとりに還元したいものです。

限られた予算額の枠内で計画することが大切です。なお、事業によっては自己負担をお願いする場合も考えられます。そのような場合は、前もって伝え、理解していただきましょう。

●事業の成果を今後の活動に生かすために、短時間でも反省会を持ちましょう。反省の視点は方針やねらいが達成できたかどうかが中心となります。

年度初めの行事は、新任ばかりでよく分からない場合、ともすると、「前年通りに」となりがちです。年度を越えて活動が持続し、充実・発展していくためには、一年間の流れが全体的に分かる資料や事業ごとの記録や課題・問題点などを整理して、次年度に引き継ぐことが大切です。

現委員のうち何人かが次期委員として継続していくと、活動が円滑に進みますので、この点もぜひ考えてほしいものです。

9. 地域連携の工夫

近年、地域からの意見としてよく耳にするのが、「保護者の顔が見えない」「地域の活動に保護者の参加がない」「地域への依頼が多すぎる」など、ＰＴＡへの警鐘ともいえる事柄が多く寄せられます。

私たちは、ＰＴＡ会員である前に地域の大人であることを忘れてはなりません。「学校・保護者（ＰＴＡ）・地域」という言葉がよく使われるようになりましたが、地域の方にとって保護者（ＰＴＡ）は立派な地域の大人です。ＰＴＡと地域を分け隔てる言い方や分類は避けた方が懸命といえます。

地域連携のポイントは、相互信頼と役割分担です。自分たちにできないからといって何でもかんでも地域に委ねるという考え方は慎むべきです。

子どもたちにとっての望ましい環境づくりは、保護者同士のつながりがなくては大変困難です。したがって、地域における保護者同士のつながりをつくっていくことが、私たちの大切な役割であるといえます。

やり方はいろいろありますが、地域・学校と連携して地域ＰＴＡ懇談会（地域懇談会）を開き、子どもの生活や指導上のことについて話し合ってみたり、みんなが楽しめる行事を開催したり、家族ぐるみのふれ合いの場を地域ごとにつくったりすることも必要でしょう。

地域や家庭は、子どもたちにとって人間形成の場であり、子どもの成長発達に大きな力を持っています。地域の大人全体の目で、子どもたち一人ひとりを温かく見守っていくような保護者同士のきずなを深めていきたいものです。

地域は、良い意味でも悪い意味でも子どもたちにとって生きた教育の場といえます。その意味では青少年健全育成活動は、ＰＴＡのみで成果があがるようなものではありませんので、すべての人が手をつないで、取り組むべき課題です。地域の人々と手をとり合った組織活動を進めることによって、ＰＴＡ活動は、一層効果をあげることができるでしょう。

そのために、私たちは日頃から自治協議会や子ども育成会、青少年健全育成連合会など、地域団体と連絡を密にとっておきたいものです。また、地域の要役として、地域の諸団体と連携を図り、積極的に会員に呼びかけ、地域ぐるみで活動に取り組むことが必要です。

ＰＴＡと地域諸団体との具体的な共同活動の例をあげてみます。

・地域・学校と連携した定期的なパトロール
・児童・生徒の登下校における交通安全指導
・子どもたちの校外における安全の確保
・遊び場の点検
・交通安全施設の点検
・危険地域・場所の改善・要望
・「子ども110番のいえ」の設置
・犯罪などから子どもを守るための環境整備
・子どもたちに悪影響を及ぼす環境の浄化
・ポスター、看板などの点検
・出版物などマスコミへの対処
・地域行事への支援、共同開催
・伝統芸能の継承

このような状況をより良い方向へ向けるために、保護者一人ひとりに、子どもたちが真に子どもらしく生活できるために、地域はどのようにあればよいかについて意見を出してもらい、それらの声を地域からの発言として結集していくことが非常に大切です。

したがって、地域役員は、会員一人ひとりが意見を出してくれるよう働きかけ、これらの声をまとめて、積極的な手立てや具体策として、ＰＴＡ全体に反映していき、地域や社会に対しても、関心を高めていくよう努力していくことが大切です。

第4章

PTA 組織運営

山﨑　和典

1

組織運営 ～みんなでやろう～

ＰＴＡの組織については、「第2章　ＰＴＡの基礎知識《ＰＴＡを知ろう！》⑤ＰＴＡの組織を教えて！」で書かれていますので、ここでは、ＰＴＡ組織を運営していく上で知っておいた方が良いと思うことについて書きます。

組織の役割を知っておこう

ＰＴＡの組織には大きく分けて3つの役割があります。『決める（決議）』、『実行する（執行）』、『チェックする（監査）』です。

それぞれ役割については、後述しますが、組織のそれぞれの役割の違いについては、ＰＴＡの役員・委員だけでなく、ＰＴＡ会員全員に知っておいてほしいものです。

■決議機関

総会は重要なことを『決める』ところ

PTA組織の中で『決める（決議する）』役割を担っているのが総会です。総会で決めることは、

・活動方針や活動報告
・予算や決算
・役員
・規約改定
・その他の重要事項

というのが一般的です。

総会は、PTA活動に関して重要な事項を決めますので、全員に出席してほしいのですが、仕事等の都合で出席率が高くないことが課題のPTAもあります。

○定期総会と臨時総会

PTAの総会には、定期総会と臨時総会があります。

定期総会は、毎年度決まった時期に開催されるもので、ほとんどが年1回と年2回のどちらかに大別されます。

年1回の場合、ゴールデンウィーク前後に開催され、前出の必要な事項をすべて決議します。

一方、年2回の場合、1回目の総会では、決算、活動方針、予算が決議され、3月を中心に開催される2回目の総会では、活動報告、中間決算、新年度役員選出が決議されるのが一般的です。

年2回開催の場合、

・総会という場で保護者の意見を聞く機会が増える
・卒業していく会員に事業報告や中間決算の報告ができる
・新年度の役員が新年度の活動方針や予算を話し合う時間的余裕ができる
・入学式の挨拶はその年度の会長ができる

といったメリットがあげられますが、その一方で、

・会員が出席すべき回数が増える
・前年度の会員で新年度の役員選任を決議する場合、新入会の会員から異論が出される場合がある

などの課題もあります。

臨時総会は、年度の事業計画、予算などを大幅に変更するとき、新年度に備えて早めに規約を改正するとき、役員の人事にかかわるときなどのように、緊急に決定しなければならないときに開催されます。

○総会で決めきるために

総会で活動方針や予算を決めることができなければPTA活動を行うことができません。また、総会で決めた後、「無効だ」と言われてしまっては大変です。

そのために、委任状制度や定足数（ていそくすう）などのルールを決めているPTAも多いようです。

委任状制度は、出席できない会員が出席する会員に賛成・反対の権利を委ね任せる委任状を提出してもらうことで、出席できなくても総会の決議に参加することがで

きる制度です。委任された会員は、自分の一票と委任された人数分の票を持っていることになります。また、「委任される会員氏名が未記入の場合は会長が委任を受けたとみなす」などの細かい取り決めをしているPTAもあります。

定足数とは、総会の成立に必要最小限度の人数のことです。会員全員が出席していなくても定足数を超えていれば、そこで決めたことは有効となります。定足数には委任状による出席者数も含まれますので、総会成立宣言では「出席者数○名、委任状による出席者数△名、合計×名で定足数の□名を超えていますので、この総会は成立しています。」と言うことが一般的です。

○PTA活動への意見を出してもらうために

総会ではPTA活動に関する重要なことを決めますので、できる限り会員から意見を出してもらいたいのですが、心の中では思っていても大勢の人の前では発言することができない会員が大勢いると思います。

そこで、いくつかの取り組み事例をご紹介します。

・PTA活動に対する意見を持っている会員がいることを役員（会長・副会長等）が把握している場合は「総会で指名しますので、よろしくお願いします。」と事前に発言をお願いしておく。

・委員会や学年の前年度の方（委員長でなくてもよい）に、活動を振り返って良かったことや改善した方がよいと思うことなどを発言してもらう（事前にお願いしておくとスムーズにいきます）。

・委任状に「活動に対する意見」欄をつくっておき、書かれた意見を紹介する。

・前年度のうちに活動に対する評価アンケートを行い、集計結果や書かれた意見を紹介する（集計に手間がかかるので毎年する場合は会員の負担が増えてしまいますので注意が必要です）。

○総会で出された意見をどうするか？

総会で意見が出されたら上手に受け答えできないかも知れないと不安に思っている役員（会長・副会長等）がいると思います。

出された意見が総会で決めること（決議事項）に関係することであれば、他の会員からも意見を出してもらい、その後、多数決で決めればよいでしょう。

決議事項に関係がなければ、「今年の活動の中で参考にできるところは参考にさせていただきます」、「○○委員会で検討してもらいます」といった回答をして、新年度の役員・委員で話し合えばよいでしょう。

ただし、「意見が出されたから

即実行する」のではなくて「出された意見は大切にするが、実行に移せるかどうかは別の話」ということを会員（意見を出した人も、そうでない人も）に理解してもらう必要があります。そうでないと「あの意見のとおりにやっちゃうの?」と誤解されてしまいます。

また、役員会あるいは委員会で話し合うことで、いろいろな視点で良し悪しを判断することができますし、何より会長あるいは委員長が一人で背負うことがなくなり、「役員会（委員会）の総意ですから」と答えることができます。

○会長が出るとうまくいく!

ここまでは、総会を円滑に、そして、意義のあるものにするために組織としてできることを紹介してきましたが、それだけでは一味足りません。それは、会長の出番のことです。

PTAは組織です。会長が一人で背負うことはありません。この考えに変わりはないのですが、一方で会長が出るとうまくいくこともあります。

たとえば、会議でなかなか結論を出せないときに「皆さんの意見はそれぞれ良いところがあって、今の状況で一つに決めることは難しいように思います。でも、どちらかに決めないといけないので、今回についてはA案にしようと思います。一度やってみて、次回はA案にするかB案にするか、もう一度話合いをすることにしましょう。」と会長が言うことで話がまとまることもあります。

また、会長が自分から発言するタイプでなければ、副会長の一人に先程と同じ内容の発言をしてもらった後に「みんなで決めたことなので会長一人が責任を負うことはありません。会長、それでいいですよね!」という形でアシストして決定するという方法もあると思います。

内容や状況によって、他の方法

も含めて使い分けをすればよいと思います。堂々巡りの議論で会議の時間が長くなるのは誰も望んでいませんので、会長が出ていくことで事がうまく進めば、喜んでくれる人は多いと思います。

■執行機関

PTA組織の中で『実行する（執行する）』役割を担っているのが役員会や委員会（専門部会）です。

役員会・委員会は『実行する』ところ

「うちの学校では委員会でもいろいろなことを決めているよ」と思っている方もいると思います。

たとえば、総会で「子どもの通学時の安全を守ろう」という活動方針を『決議』したとします。これを受けて担当の委員会（専門部会）では、「何をする」、「いつする」、「誰がする」などといったことを『決定』します。

このように総会と役員会・委員会（専門部会）では決めていることの中身に違いがあります。そうしたことの違いから、総会＝決議機関（決めるところ）、役員会・委員会＝執行機関（実行するところ）というように役割が違っているのです。

○役員会は何をするところ？

役員会は、学校によって違いはありますが、会長、副会長、会計、庶務、書記等が会議のメンバーになります。

役員会で話し合うことは、

・総会に提案する活動方針（案）や予算（案）の作成
・担当する委員会（専門部会）がないPTA活動の計画や実施
・委員会（専門部会）からの相談事項についての話し合い
・学校や地域、他のPTA等との連絡調整
・学校等への意見や要望

などが一般的です。

○委員会は何をするところ?

委員会は、総会で決議した活動方針に則り、担当するPTA活動の詳細な計画を立て、実施するところです。PTAによっては専門部会といった別の名称もあります。

また、PTAによって、名称や役割、委員会（専門部会）の数に違いがあります。

例をあげますと、広報、体育、文化、厚生、図書、研修、教養、成人教育、生活、安全、環境、校外指導、ボランティア、母親、おやじ、ベルマーク、役員選考（指名・推薦）、学年・学級など様々です。

また、学校建設、学校統合、PTA設立○周年など既にある委員会（専門部会）で担当するところはないが、役員会で担当するのではなく委員会（専門部会）で担当してほしい場合は、総会の議決を経て、特別委員会を設置することもあります。

○委員会の運営（役割分担）はどうすればいいの?

委員会（専門部会）には、この役職を置かなければならないという決まりはありません。あえて言うなら委員長（部会長）とそれを補佐する副委員長（副部会長）はどの委員会（専門部会）でも必要ですが、その他の役割は委員会（専門部会）が担当する活動によって違いがあります。

ポイントは、一部の委員に役割を集中させずに、できる範囲で分担してもらうということです。

たとえば、ウォークラリー（質問に答えながらチェックポイントを回り、成績優秀チームに賞品を贈呈する）を行う場合、イベント当日に都合がつく委員には、受付、集計、表彰、安全対策などの役割を、また、イベント当日に都合がつかない委員には、問題作成、賞品買出し、チラシづくり、会計整理などの役割を、それぞれの委員の得手・不得手に応じて担当してもらえばよいでしょう。

また、「委員長になるけど人前で喋るのが苦手なので、会議の進行係とイベント当日の挨拶係・進行係も選んでくださいね」といった形で新たな役割をつくってしまうのも一つの方法ですし、イラストが描ける、野外活動の経験が豊富、ワード・エクセルを使えるなど委員以外の人材にもスタッフとして参画してもらう方法もあります。

○役員会・委員会の会議は何回くらい必要なの？

役員会・委員会（専門部会）の回数には決まりがありません。

会議を毎月開催しているところもあれば、年間数回だけ開催しているところもあります。

たとえば、前出のウォークラリーでは、1回目の会議で委員の都合を聞いてすべての役割を決定して、その後、会議をすることなくイベントを行い、イベント終了後に反省会（良かった点、悪かった点、次年度開催する場合の引き継ぎ事項などのとりまとめ）を行うといった運営をしているＰＴＡもあります。

このケースでは、各役割の具体的な内容が書類に整理されていること、そのイベントの経験者が委員の中にいることなどの条件がそろっていましたので、会議は1回だけですので、工夫をすれば他の活動でも会議の回数を減らすことは可能です。

また、年間何回か会議をする場合、1回目の会議のときに、委員の都合のつきやすい曜日や時間帯を聞いておいて、会議の日時を決めるときの参考にすることや、会議の日時等をできるだけ早くお知らせすることも会議に出席してもらうための工夫の一つです。

○会議の連絡や情報共有にＩＴを活用してみよう！

ＰＴＡ活動をするときに役員同士・委員同士で連絡を取り合うことがよくありますが、自分の都合の良い時間が相手にとって都合が良いとは限らないことから、連絡の手段やタイミングで気を使うことがよくあります。

そこで、会議の連絡や情報共有にＩＴを活用している例が増えてきています。

会議の開催案内や欠席・遅刻の連絡、簡単な報告は、メールやＬＩＮＥなどのメッセージアプリですることで、タイミングを気にする必要はなくなりますし、連絡や報告の漏れもなくなります。

また、活動に必要な資料、たとえば、行事の準備リストや役割分担表などをＤｒｏｐｂｏｘなどのオンライン・ストレージ・サー

ビスに保存し、共有しておくことで、会議の後で変更があった場合でも、その都度資料を配付し直さなくても最新情報を共有することができます。

　そして、何より、子どもたちが使っているネットのアプリ等を保護者が実際に使ってみることで子どもとの会話が成立する範囲が広がります。

　ただし、最近はスマホやパソコンを使える会員が増えてきていますので、IT活用のハードルが下がってきていますが、使うことのできない会員もいますので、電話等での個別対応する仕組みも合わせて考えておくとよいでしょう。

■監査機関

『チェックをする』のが監査委員の役割

　監査委員（会計監査委員）は、PTAの会計事務や予算の使い方が適正であるかをチェック（監査）するのが役割です。具体的には、

・支出がPTA本来の活動を行うために必要なものであったか？
・支出関係書類（請求書、領収書、支出決裁書）が完全であるか？
・支出関係書類と諸帳簿（現金出納簿）が合致しているか？
・諸帳簿と預金通帳が合致しているか？
・預金通帳の入出金記録に不自然なところがないか？

などがあります。

　監査の結果が適正であれば、総会で報告します。

○監査委員は重要な役割

　監査委員（会計監査委員）は、「総会で会計監査報告するだけだからPTAの中では一番楽ちん」と思っている方はいませんか？

　監査委員（会計監査委員）は、会員を代表して納めた会費が適正に使われているかをチェックしますので、時には役員（会長・副会

長等）に疑問を呈したり、問題点を指摘したりする責任があります。

また、監査委員（会計監査委員）はPTAの規約上「役員」に位置付けられている場合がありますが、役員会に出席した場合でも会議で意見は言っても賛否を表する立場にないことも理解しておく必要があります。

○関係団体とのつながりも大切に

PTAの目的は「子どもたちの健全育成」ですが、このことはPTAだけの目的ではありません。自治会、婦人会、子ども会、青少年健全育成会、少年補導員、交通指導員、民生委員・児童委員などもそれぞれの立場で「子どもたちの健全育成」のための活動が行われています。

また、各学校のPTAの集まりである郡市区町村PTA、それが集まった都道府県PTA、さらに全国レベルで集まった公益社団法人日本PTA全国協議会があり、「子どもたちの健全育成」のため、それぞれの役割に応じた活動が行われています（詳しくは第1章をお読みください）。

子育ての第一義的な責任は家庭にありますが、家庭だけではできないことを学校・家庭・地域が連携して行う時代になってきています。私たちPTAは「子どもたちの健全育成」のため、子どもたちに最も身近な保護者・教職員としてかかわっていますが、学校のPTAだけではできないことも数多くあります。そのときは、地域の関係団体あるいは郡市区町村PTAにも協力してもらって、より良い活動をしていくことが大切です。

2

活動計画 ～無理せずやろう～

PTAの活動については、「第2章 PTAの基礎知識《やってみようPTA活動》②PTA活動にはどのようなものがありますか?」で書かれていますので、ここでは、活動計画を立てる上で知っておいてほしいことについて書きます。

あなたの学校の今必要なPTAに活動は何ですか?

学力向上、体力・運動能力、生活習慣、躾、規範意識、ボランティア、社会貢献、人権、いじめ、不登校、暴力、非行、薬物乱用、ネット問題、児童ポルノ、児童虐待、貧困問題、交通安全、防災、学校安全、学校給食、食育、読書活動、主権者教育、消費者教育、国際理解など子どもたちを取りまく今日的課題をあげればきりがありません。

こうした今日的課題を解決に向かわせていくためには、ＰＴＡ会員がそれらの問題の現状と解決方法を学び、共有し、実践していく必要があります。

ＰＴＡの活動計画をつくるときに、「去年もやったから今年もそれでいいや（前例踏襲主義）」的発想ではなく、仕事も子育ても忙しい中で取り組むＰＴＡ活動ですから、今必要な活動が何か、優先度が高いものは何かを役員会や委員会で話し合ってみることが大切です。

このことは年度の最初の頃にできればよいのですが、できなかった場合でも、一年間を振り返っての反省の中で話し合い、次の年度の役員や委員に託すことでＰＴＡ活動が必要とされているものへと変わっていきます。

○活動計画はどうつくる？

実施する活動が決まれば、それをどのように実施するか具体的に決めていきます。活動計画を作成するときは、

・なぜ・何のために（Ｗｈｙ）
・いつ（Ｗｈｅｎ）
・どこで（Ｗｈｅｒｅ）
・誰が（Ｗｈｏ）
・誰に（Ｗｈｏｍ）
・どんな手段で（Ｈｏｗ）
・いくらで（Ｈｏｗ ｍｕｃｈ）

といったことに分けて整理すれば分かりやすくなります。

○『なぜ・何のために』『どのように』を伝えよう！

計画した活動に「参加してみよう」という気持ちになってもらわなければ始まりません。

会員が活動を知るきっかけは、活動を知らせるチラシというのが一般的です。

あなたの学校のＰＴＡで配られているチラシを見てください。『いつ』『どこで』は必ず書かれているはずです。『誰が』『誰に』も活動の名称でなんとなく想像できる

と思います。

では、『なぜ·何のために』や『どのように』はどうでしょうか？

「その活動は必要なの?」「参加するメリットがわからない」といった声に応えるためには、『なぜ·何のために』を伝えることが大切です。また、「何をやっているか分からない」といった声に応えるためには『どのように』を伝えることが大切です。

○PRチラシに一工夫を！

もう一度、あなたの学校のPTAで配られているチラシを見てください。役所でよく使われている形式のお知らせ文書形式ではないですか？

お知らせ文書形式は、内容を端的に伝えるという意味ではよく考えられた形式なのですが、「上意下達的だ」とか「参加したいという気持ちになりにくい」といった印象を持っている会員も少なくないように思います。

そこで、活動のPRチラシの形式を少し変えてみるとか、

・前回の活動の写真
・活動に対する他者からの評価
・参加者の感想
・講師からのメッセージや講演等で伝えたいこと

などを入れてみるといったひと工夫を加えてみてはいかがでしょうか？

○『どんな手段で』で困った時は？

せっかく忙しい時間を割いてPTA活動をするのだから、魅力ある活動、喜んでもらえる活動、多くの人に参加してもらえる活動にしたいものです。

しかし、『どんな手段で』行えば、魅力のある活動になるのかが分からないという声もよく聞きます。そんなときこそPTAのつながりを最大限に活用しましょう。

・近隣のPTAに直接問い合わせる
・郡市区町村PTA、都道府県PTAの研究大会、さらには日本PTA全国研究大会やブロック研究大会に参加し、事例発表を参考にしたり、参加者同士で情報交換する
・日本PTA全国協議会が発行している「PTA実践事例ガイド」「実践事例集」「全国小中学校広報紙コンクール優秀広報紙集」など事例紹介の書籍を参考にする

○気軽に言って、柔軟にやってみよう！

PTA活動に限らず、いろいろな事柄について回るのが「マンネリ化」です。マンネリ化は、会員から見て新鮮味に欠けたり、活動が義務的に感じたりすることがあると聞いたことがあります。

たとえば

・子どもが自転車事故で怪我をしたから、ヘルメット着用を徹底したい
・子どもが夏休みに家にいても勉強しないので、空き教室を

借りて他の子どもと一緒に勉強する機会をつくりたい

・年とともに体を動かす機会が減ってきたので、子どもと一緒に体を動かすことをしたい

など活動を始めたきっかけは様々で、そのうちのいくつかは、決して強制や義務ではなく、そのことに共感した保護者の有志が自主的に始めたものもあるはずです。

そして、最初から大きなことはできないので、自分たちのできるところから、できる範囲で始めたはずです。

でも、時が経ち、PTA活動に組み込まれてしまうと「マンネリ化」「義務化」してしまっているように見えてしまうのです。

義務化していると思われているのなら「一度、止めてみる?」、マンネリ化していると思われているのなら「一度、別の方法でやってみる?」と気軽に提案してみませんか。そして、「復活してほしいという声が多ければ復活すればいいから」、「次回は今までの方法に戻すこともできるから」と付け加えることも忘れないでください。

これは、決して無責任で言っているのではなく、活動を見直すきっかけづくりなのです。

本当に必要な活動なら復活の声が上がってきますし、別の方法を試してみればより良い方法を選択することができますので、そのあたりは柔軟に考えるとよいでしょう。

責任を過度に感じることはありません。気軽に、柔軟に、そして今できることをすればよいだけなのです。

○成果や課題を整理して引き継ごう!

委員会で活動計画を作成するとき、これまで書いてきたことがすべてできるわけではありません。

そんなときは気にせず、できたこと(成果)やできなかったこと（課題）を整理して、次の人に引き継ぐことを忘れないでください。

成果は会員に活動そのものを理解してもらうため、課題は活動の中身や満足度を高めるために大切な情報です。

そうした情報が少ない中、手探り状態で活動を行ってきた委員なら、それらの大切さが身にしみて分かっていると思いますので、一年間の活動の総括として、成果や課題を整理して引き継ぎを行ってほしいと思います。

引き継ぎの方法としては、文書にした方がよいのですが、得手・不得手もあると思いますので、自分が一番伝えやすい方法がよいと思います。新旧の委員長で引き継ぎ会をする、年度始めの会議に出席して、活動の内容やノウハウ等の説明に併せて成果や課題を引き継ぐなどの方法も考えられます。

3

予算と決算

～無駄や無意味なものには使わない～

○PTAの会計とは

PTAの会計は、PTAの運営や活動等に必要となる費用と財源で成り立っています。PTAの予算書・決算書の歳入（収入）の部が財源で歳出（支出）の部が費用になります。

歳入（収入）の部は、

・会費
・事業収入（バザー、資源回収、活動参加費など）
・寄付金
・繰越金
・その他（預金利子など）

が一般的です。

歳出（支出）の部は、

・PTA組織の運営費用
・PTA活動の費用
・学校支援の費用
・関係団体との連携協力に関する費用
・将来に備えて積み立てておくお金
・年度の途中で予定していなかった支払いに充てるお金

に大きく分けることができます。

○お金の使い道を考える①
〜全体〜

収入の大半は会費であることが一般的ですから、ＰＴＡ活動の内容とともにお金（特に会費）の使い道が会費を納めてくれた会員が納得できるものかどうかが重要となります。

この後、支出の部について、具体例や注意点をあげますが、それぞれのＰＴＡによってお金の使い方の基準や考え方に違いがありますので、これがよいということではありません。自分たちの会計であるという自主的な判断で決めたものであれば、それでよいと思います。

○お金の使い道を考える②
〜組織運営〜

ＰＴＡ組織の運営費用には、紙代、文具代、印刷代、切手代、会員の交通費、ＰＴＡ保険掛金、ＰＴＡ関連書籍購入費、振込手数料、会費引落手数料、備品購入修繕費、会議用茶菓子代、慶弔費などがあります。その中で、「学校で購入すべき備品が含まれていないか」、「費用を減らすために飲み物は各自で持ち寄ることはできないか」、「役員退任の記念品は必要か」、「教職員の退職・転任・結婚などＰＴＡとは関係の薄い事柄に支出されていないか」等、他のＰＴＡで議論になった事項について、話し合い、考え方を整理しておくことも大切です。

○お金の使い道を考える③
〜活動〜

ＰＴＡ活動の費用とは、ＰＴＡ全体、あるいは、各委員会（専門部会）で行う活動に充てる費用です。一年間の活動を振り返って、予定していた金額（予算額）と比べてどうだったか(足りなかった、余ったなど）について、活動の総括（成果や課題）とともに次年度に引き継ぎ、予算編成の参考にしてもらうことが必要です。

○お金の使い道を考える④
〜学校支援〜

学校支援の費用ですが、入学式・卒業式の花代、卒業生への記念品代、校外活動のバス代、運動会の消耗品代、観劇会費、学校図書の購入、部活動補助など様々な事項についてＰＴＡが費用を負担している事例があると聞いています。

学校支援はＰＴＡの役割の一つですが、「学校が本来負担すべきものが含まれていないか」、「ＰＴＡ会費ではなく、別の形でお金を集めた方がよいものはないか（ただし、保護者の負担額は変わらない）」等、他のＰＴＡで議論になった事項について、話し合い、考え方を整理しておくことも大切です。

○お金の使い道を考える⑤
〜連携協力〜

関係団体との連携協力に関する

費用には、市区町村PTA負担金、PTA研修会等参加費、青少年健全育成会や少年補導員会の会費などがあります。これらの費用は、一般の会員からは費用負担の必要性が見えにくいことから、「加盟も負担金支出も必要ないのでは?」との声が上がることがあると聞いたことがあります。しかしPTAの存在意義は一家庭だけでできないことを会員が力を合わせて、助け合い、子どもたちの健全育成の活動を行うことにあります。その中で学校のPTAだけでできないことを地域の関係団体あるいは郡市区町村PTAにも有形無形の協力をしてもらってより良い活動ができているわけですから、不必要ということはありません。

○予算（案）作成の実務

予算は、会費等の収入と活動等の支出のバランスを考えて作成します。また、予算（案）の作成は、規約等に定められた役員会・予算編成委員会等で行い、総会で決議します。

予算（案）の作成は、大きく分けて二つのステップで行うことが一般的です。

・年度末に決算見込みを分析して予算（原案）を作成
・新役員等で新年度の活動を踏まえて予算(原案)を予算(案)に修正

予算（原案）作成の際には、

・新年度の会費や繰越金の見込み
・各委員会（専門部会）からの活動の総括（成果、課題、使った費用、次年度への要望など）

を参考にします。また、予算（原案）から予算（案）に修正する際には、

・新役員として新年度に重点的に取り組みたい活動との連動

などを考慮に入れます。

○予算（案）作成の難しさ

たとえば、子どもたちのために新たに実施したい活動があった場合、

・会費の値上げ、あるいは、一時的な負担をしてもらってでも、その活動に必要な費用を工面する
・他の活動を縮小・廃止して、会費の値上げ等を行わずに費用を工面する
・会費値上げも他の活動の縮小・廃止もできないので、新しい活動を諦める

などいくつかの選択肢から選ぶことになります。

最終的には総会に提案して決議することになるのですが、予算（案）を作成する役員会等で話し合って、何故それを選んだのか会員に説明できるようにしておくことが大切です。

○予算の執行

総会で予算が決議されれば、活動に使うこと（予算の執行）ができます。

予算は費目（款項目節など）ごとに予算額が決まっていますので、原則として各活動は予算の範囲内で行うことになります。

予算の執行の際には、会員への説明責任を果たすことができるように、会計監査のチェック項目でもある

・支出がＰＴＡ本来の活動を行うために必要なものであったか？

・支出関係書類（請求書、領収書、支出決裁書）がそろっているか？

を確認しながら行うことが大切です。

また、会計は金銭の出納や会計関連書類や帳簿の整理、預金通帳の管理、総会での会計報告等が役割であり、予算の執行の責任者は会長になります。総会でＰＴＡのお金の使い方について質問や意見が出された場合、会計で回答できるものもありますが、最終的に答えるのは会長の役割になります。

ただし、会長一人の責任にならないように、お金の使い方について役員で定期的に確認することも大切です。

○会費の納入

会費の納入方法としては、

・納入袋に入れて子どもに持って行かせる

・集金日を決めて会計が会員から直接受け取る

・会員からＰＴＡの口座に振り込んでもらう

・ＰＴＡが会員の口座から引き落とす

などの方法があります。安全性（途中で現金を紛失する危険性が低い）・証拠性（納入していることが証明できる）・事務の効率性（会計の都合の良い時間に確認ができる）などの理由でＰＴＡの口座に振り込んでもらう方法を取り入れているところが増えてきていると聞いています。

○会計処理の効率化（ＩＴ化）

会費の納入処理、また、活動を行う度に現金の引出しや支払い、支出決裁書の処理、さらには年度末には決算書の作成といったように会計の仕事は会長とは別の忙しさがあります。少しでも効率的に会計処理をしたいというのが本音のところだと思います。

最近では、自治会・ＰＴＡ・サークル向けの安価な会計ソフトが販売されていますし、パソコン操作に詳しい会員にエクセル等の表計算ソフトで会計処理が効率的にできるファイルを作成してもらって効率化できた例があると聞いています。

会計ソフトを使う場合は、使い勝手や予算・決算の様式など自由にならない部分がありますし、表計算ソフトを使う場合は、自由度が高い反面、作成者が卒業等でいなくなると修正が難しいなどの制約があることに注意が必要です。

○予算が足りないときは

一年間の活動は総会で決まった予算の範囲内で行うのが基本ですが、活動している中で予算が不足してしまうこともあります。

そんなときは、

・余っている費目から流用
・予備費から流用
・積立金を取り崩す
・予算を補正する

などにより対応することになります。予算を補正する場合は、不足する額の財源確保の目処を立てた上で規約等に従って決議する必要があります。それ以外の場合は、不足する額が他の費目・予備費・積立金に残っていることを確認した上で規約等に従って所定の手続きをする必要があります。

○決算の処理

年度末には、一年間の収入と支出の金額を費目ごとに集計して決算をします。その際、

・支出関係書類（請求書、領収書、支出決裁書）が完全であるか？
・支出関係書類と諸帳簿（現金出納簿）が合致しているか？
・諸帳簿と預金通帳が合致しているか？
・預金通帳の入出金記録に不自然なところがないか？

など監査を受ける項目について確認しながら行うとよいでしょう。

また、会員が見ることができるように整理しておくことも必要です。

決算書の備考欄についても、決算の内容（何に、いくら使ったのか）が分かるように、できるだけ詳しく書くことも大切です。ここの書き方次第で会員が使い道を理解してくれて、「何に使ったのか分からない」という声も減ると思います。

4

PTA運営の見える化と個人情報保護

○基本はPTA広報紙

一年間でPTAが会員に届けている書類の多くは会議や行事のお知らせだと思います。これはPTAの活動をあらかじめ知らせるということだけで、どんな内容だったのか？　どんな成果があったのか？　が伝わりません。それを伝える役目を担っているのがPTA広報紙です。「何をやっているのか分からない」と感じている会員に対して、PTA活動の内容や必要性を会員に理解してもらう意味でPTA広報紙による活動報告は重要です。

また、PTA広報紙は、活動の結果報告だけではなくて、PTA役員や教職員の紹介、放課後の過ごし方、親子のコミュニケーション、友達付き合い、お小遣い、習い事、我が家のルール、生活習慣、食生活、家庭学習、読書、いじめ問題、スマホ・ネット問題、校区内の安全など、保護者の身近な問題に関する特集記事、座談会やアンケートによる会員の声や考え方の紹介など情報源としての役割もあります。

PTAは、会議や行事だけをしているのではなく、保護者の悩みを共有したり、その現状や解決に向けた提案など、子どもたちの健やかな成長に向けた取り組みをしているということを知ってもらう意味でもPTA広報紙は重要な役割があります。

○読まれるPTA広報紙づくり

PTA広報紙の役割には、活動報告や情報提供がありますが、それに加えて、学校と家庭、保護者同士、学校を支えてくれる多くの人たちをつなぐ役割や読んだ人にさらなる「学び」を誘発する役割もあります。

そのためには、まず読んでもらうことが大前提となります。そのための取り組みとして、都道府県PTAや郡市区町村PTAで広報紙づくりの研修会を開催しているところが数多くありますので、参加してみると勉強になると思います。

また、日本PTAでは毎年、全国小・中学校PTA広報紙コンクールを開催し、入賞作品を集めた「優秀広報紙集」を発行しています。入賞作品を参考にするのも一つの手段だと思います。

○ネット媒体の活用

PTA広報紙は、記録性や情報が整理されているという点では優れているのですが、速報性や情報量といった点で限界があります。

広報紙の限界を補い、PTA会員に情報を伝える手段として利用が拡大しているのがインターネット媒体の活用です。以前はホームページの開設が主流でしたが、最近ではブログやSNSを活用するPTAが増えてきています。上手に使えば、地域の方やこれから入学する子どもの保護者にPTAのことを正しく知ってもらうこともできます。

また、ネット媒体の良いところは、学校に行くことなく自分の都合の良いタイミングで情報発信ができること、活動に参加した他の会員にも情報提供の面で協力してもらいやすいなどがあげられます。

○個人情報・肖像権・著作権の保護にも要注意

PTA広報紙やネット媒体を使う際に気をつけておかなければならないことに個人情報や肖像権・著作権の保護があります。

ネット問題の研修会でも個人情報や肖像権・著作権の保護の重要性について説明がされていますし、それを子どもに指導する立場の保護者が注意を怠っていたということは避けなくてはなりません。

○総会の活動報告をプレゼンで

PTA広報紙やネット媒体を使ってPTAについて正しく知ってもらう方法として、総会の活動報告をプレゼンで行う方法もあります。総会での活動報告は総会資料に書かれている内容（何月何日に行った活動名と結果の概要）を読み上げるだけの場合が多いと思います。その報告を聞いて、「PTA活動に参加してみよう！」と感じる会員はほとんどいないと思います。

そこで、PTA広報紙あるいはネット媒体用に撮影した写真を使って活動報告をしてみてはいかがでしょうか？　プレゼン用ソフトで凝ったつくりにする必要はありません。写真を順番に紹介するだけでもよいと思います。紹介する写真に写っている活動に参加した会員や子どもたちの笑顔や真剣な表情は、その活動の意義や素晴らしさをダイレクトで伝える力があります。

○口コミも重要な情報源

PTAの役員や委員を経験した人に聞くと、「思っていたより大変じゃなかった」「いろいろなことを知ることができて、楽しく活動できた」との声をよく聞きます。

にもかかわらず、春の風物詩のように「恐怖のPTA役員・委員選考!?」なんていう言葉がちまたを賑わします。

未知の世界に踏み出すときに不安を持つのは当然のことですので、「できません」という気持ちが分からないわけではありません。また、本当は大変じゃなくても「PTAって大変だった～」と自虐的に表現してしまう人もいると思います。でも、そうしたことが積み重なるとマイナスイメージの『空気』が蔓延してしまい、PTAについて正しく理解されにくくなっているように思います。

こういう『空気』は、メディアの影響もありますが、学校内の限られた人間関係の中では口コミで広がることが一般的だと思います。

それなら、役員や委員の経験者に「子どもと一緒に活動できて楽しいよ」「都合がつかない時は休んでも大丈夫」「知り合いが増えて、いろんな情報を教えてもらえるよ」「今まで知らなかった学校のことがよく分かるよ」といったプラスのことを周りの人に口コミで伝えてもらうことで、ＰＴＡのイメージも変わり、ＰＴＡのことを正しく理解してもらえるようになると思います。

第
5
章

明るく
楽しく
活動していくために

安藤　大作
西村　澄子
三井　久美子
大田　紀子

ほめあって楽しい人間関係をつくろう

「自分も生まれたときから親をやっているわけではない。かつては子どもであり様々な感情と共に時を重ねて今がある」

子育てにおいて、「自分がこの子くらいのときにどんな気持ちだっただろうか？」を思い出すことが悩みを解決する有効な手段であるといいます。

ＰＴＡ活動に取り組んでいると、かつて自分が学生時代であった頃に戻ったような感覚を受けます。そして忘れていた様々な子どもの頃の出来事や感情を思い出し、そして保護者となり大人となった立場で改めて感じ直すことで新しい発見を得ることがあります。それが大人としての現在の仕事のヒントになったり、長年の自分の思い込みから解放される契機になったり、そして何より我が子の気持ちが今まで以上に見えてくることもあります。子どもとの共通の話題が増えることで親子の会話が増えることもあります。それは自分の心の中に新鮮さや若さや潤いが生まれるからではないでしょうか。

「いつまでも、ポジティブに元気に笑って夢を描く子どものように若々しい心でいることの大切さ」

時を重ねて大人になっても、いつまでも若々しくポジティブに夢を持って笑って毎日を過ごすことが大切であることは言うまでもありません。だからこそわたしたち大人はいつも子どもたちから元気をもらいます。子どもたちを元気にしようと言いながら、子どもたちから元気をもらっているのです。

自分の心の中にある屈託ない子どものような無邪気な部分が子どもたちによって刺激され、再び開花できることはわたしたちの身心を元気にしてくれます。

子どもたちは機嫌の良い保護者を見たいのです。機嫌の悪い保護者は見たくない。生き生きとした保護者を見ることによって、子どもたちは安心を得て成長していくのです。そのためにもＰＴＡの活動で活力や元気をもらって積極的になりましょう。

「ほめる！ほめてみんなで笑顔になろう」

生き生きした保護者であるためには「ほめる」

ことが何よりも大事です。ＰＴＡを楽しくさせる一番のコツです。大人になるとなかなかほめてもらえない（笑）。けれど、子どもも大人もほめてもらい、認めてもらいたいのです。そんなときは、自分から周りを認めてほめていき、感謝していくのです。ＰＴＡには「ほめるチャンス」がたくさんあるのです。いいところを探してほめていくことで明るく楽しい人間関係が生まれ、みんなが気持ち良く活動することができます。そして支えてくれる家族にも感謝し続けることを忘れないでいましょう。

子どもたちは、いろいろなことを乗り越えながら今日も学校に通って楽しくがんばっています。そんな子どもたちと一緒になって成長していくわたしたち保護者は、ＰＴＡという場で楽しく成長させてもらえるチャンスを子どもたちからもらっているのです。

「明るさや楽しさは自分の心の中につくる」

ＰＴＡでの活動は恩返しであるとも言えます。地域の中で親である自分自身が社会に存在させていただき、我が子も地域にお世話になっているのです。ですから、ＰＴＡ活動で汗をかかせていただくのです。そのように自発的に喜びを感じながらＰＴＡ活動に取り組む意義づけをすることで、ＰＴＡ活動の中に積極的に喜びを見つけていくのです。明るく楽しく活動するためにも、それが与えられるものではなく自分で見つけて大切にしていく姿勢が様々な恩恵を生みだします。自分が恩恵を受けるための活動ではないことは言うまでもありませんが、恩返しの主眼で積極的に関わることで、自然に自分自身も恩恵を受けることになり、それが明るさや楽しさにつながっていきます。

自分自身が子どもの存在に感謝し、地域社会に感謝し、その感謝の形としてＰＴＡに積極的である姿勢が、たくさんの笑顔を生みだす明るい楽しいＰＴＡ活動につながります。

明るく楽しく活動するためのポイント

私は3人の子どもたちのPTA活動を通して多くのことを学びました。この学びこそが、親として未熟な私を育ててくれた『学びの場』だったと確信します。それらには学びのポイントがありました。

学びポイント1 「期間限定を楽しむ」

PTAの時期は期間が限られているということです。子どもが学校に行っている間の期間だけでしか活動できないということです。その限られた時間でどのようにかかわるかで、子どもたちの様子が身近に感じられ、学校が近く感じられるようになると思います。

学びポイント2 「余裕を持つ」

知らないこと、やったことがないことは、先が見えず余裕がなくなります。実際に足を運び参加することで、知り合いが増え、中身が見えてきます。時間を自らコントロールし、子育ての余裕を持つことで、気づかなかったことが見えてくると思います。

学びポイント3 「子育ての目標を持つ」

子どもの成長には節目があります。その節目を大切にし、その時々のその子にあった子育ての目標を持つことをお勧めします。また子どもと一緒に行事にかかわることで、子どもの目標や夢も知ることができます。私の子育ての最終目標は、『一人前の社会人にすること』だと思っています。子育てに目標を持ち、節目を大切にすることが大事だと思います。

学びポイント4 「活動を楽しむ」

PTAは、すべての児童生徒のための活動というのが本来のあり方で、無償、無給で行う自発的な活動です。PTA会員は様々な職種や年齢の方々の団体です。学校や子どもたちのためにという柱の元、知恵をしぼり、協力し多くの行事にかかわることで、私たち保護者も社会（生涯）教育を受けているようなものと実感します。PTAを通して学ぶ機会があり、子育ての仲間と出会い、楽しく活動ができると思います。

学びポイント5
「何をメリットとするかは自分次第」

面倒、誰かがすればいい、自分がしなくても、断る理由を探すなど、役がまわってきたときに考えます。できないという考えから発想すると、このような考え方になりがちですが、実際にやってみると意外に皆さん、「楽しかった」という感想ばかりです。知り合いが増えた、身近な情報をたくさん得ることができた、本格的な研修会に参加できたなどメリットはたくさんあります。要は、自分の考え方、受け止め方でメリットは変わるということです。私たち保護者は、子どもたちには「挑戦することは大切」「嘘をつかない」「最後まで続けましょう」などと話をするように、私たち自身もできない理由を探さず、できる努力をする大人であることが必要だと思います。

私が長いＰＴＡ活動の中で学んだ「明るく楽しく活動するためのポイント」は、①期間限定を楽しむこと。②明るく余裕を持つこと。③節目ごとに目標をつくること。④ボランティア精神で活動すること。⑤活動のメリットを前向きにとらえること。など多々ありますが、すべては受け止め方で楽しくもなり、有意義な時間にでもなるということです。**『ポイントは自分の心が決める。』**ということに尽きると思います。経験したからこそ気づいたことがあるように、活動したからこそ楽しさが味わえたと思います。戻ることができないかけがえのない時間を、ＰＴＡ活動のかかわりで出会った多くの仲間と共有できたことが、今は私の宝物となっています。

はじめは、私のＰＴＡのかかわりを恥ずかしそうにしていた家族も、「頑張って。」「すごいね。」と言ってくれるよき理解者になりました。お願いされたときに、『私でよければお受けします。』と言える大人でいられるよう、前向きに明るく楽しく受け止められるようにこれからもいろいろな場面で活動していきたいと思います。

一期一会
～子どもたちに負けないほどのワクワクやドキドキとともに～

私たちは保護者という立場で、子どもが社会生活と人間関係の構築を学ぶ場所でもある学校に集い、子どもたちを一緒に育んでいくご縁をいただきました。

時代背景により価値観は多様化し、社会が求める人間像も変わってきています。

そのときそのときに、しなやかな心できちんと対応できる社会人に子どもを育成していくことが、保護者であり大人である私たちの役割のひとつになってきました。

それでは、どのように大人としての役割を果たしていけばいいのでしょうか。

どのようにして、子どものしなやかな心を育んでいけばいいのでしょうか。

保護者のみなさまの英知を集結すれば、できないことなどありません。

身近にある、ＰＴＡを利用すればいいのです。

ＰＴＡ・・・素晴らしくも不思議な社会教育活動の団体。

子どもたちにとってＰＴＡは、異質な大人の集合体と見えるでしょう。一緒にいることが、不思議に思えるかもしれません。

大人である私たちは、他人という異質な存在そのままを認めることができます。

違う立場・違う性格や意見を、押し付けあって争うことなく、しなやかな心で会話の中から理解していきます。時に、異質であることに尊敬すら覚え、信頼にもつながっていきます。

こうして、異質な考えをも受け入れ自らの学びとしていきます。大人の醍醐味ともいえるでしょう。

それを、子どもに見せるところがＰＴＡ活動であると思います。

人は、必ず誰かに見られているといわれます。どうか、おおいにＰＴＡ活動を利用なさって、大人が社会でしなやかに生きる姿を、子どもに見せてください。

ＰＴＡ活動をしていると、保護者のみなさまや先生方から、いろいろなお話を聞くことができ、いまの子どもの様子や学校の現状が見えてきます。

保護者のみなさまは、多種多様な職業につき、年齢層も幅広く、一人ひとりのもつ智恵は多岐にわたります。

専門的なお話しを伺えたり、講演会や研修会からも子育ての気づきや学びがあります。

たくさんの方からお話を伺いながら、ワクワクしたりドキドキしたり、脳の活性化もできるというお得なことが満載です。

ＰＴＡは、社会全体で子どもたちを守る仕組みのひとつであり、社会教育の一環でもあります。

しかし、残念ながら生涯学習とは異なり、保護者としてかかわる場合、子どもが在学している期間という期限があります。

ですから

P・・・ぱっと
T・・・楽しく
A・・・明るく

活動してまいりましょう。

たくさんの仲間と、この一期一会の期限付きの活動に集い、元気な大人を、子どもたちに見せていきましょう。

未来に大人となる子どもに、いまの私たちの「得体の知れない勢いと元気がどこからくるのか？何が私たちを動かす原動力となっているのか？」という不思議さを、子どもの記憶にとどめることも、忘れずになさってください。

子どもが大人になったときに、子ども心に不思議であったＰＴＡ活動を、ワクワク・ドキドキしながら謎解きができるように。

社会人として、いつしか様々な地域で仕事をしていくときや、いろいろな活動にかかわるときに、私たちのように、義務と権利をはきちがえることなく、少しの勇気と少しの努力ときちんとした責任感をもって、人として成せることを遂げられるように。

子どもが、未来に不安を感じないくらい、明るく楽しく元気な大人でおりましょう。

今しかできないことですよっ！

こんにちは。四児の母です。

小・中学校それぞれで、広報紙を作ったり交通安全に携わったりという校内を中心とした活動から始まり、学校のPTA会長、市P会長、県P会長とこの十年様々な形でPTA活動を経験してきました。

ここでは初めて役員になった方に向け、私の思う前向きな活動のためのポイントを書いてみようと思います。

1．渋々ながらなってしまった方へ

大多数の方がここにあてはまるのではないかと思います。

PTAだけでなく、勤務先の組合や自治会等、私たちは常にどこかに所属しお付き合いをしています。いろいろとお誘いが切れないとするなら「今はPTA活動を通じて子どもたちと向き合う時間にする」といった感じに、自分の中やお付き合いの流れでの区切りとして向き合ってはいかがでしょうか？

ひとつ引き受けると、あれもこれも依頼が来て断りにくいときもありますが、引き受けられない範囲は先ほどのように伝えてお断りすれば、諦めていただきやすいかと思います。

活動が始まったら、仲間への明るい挨拶や早めの連絡・調整など、少しだけ気遣いができれば一年間はあっという間に過ぎてしまいますよ。

家庭の事情や体調の悪いときは無理せず「その日は難しいですが別の機会で参加します」といった前向きな一言を添えたコミュニケーションで乗り切っていきましょう。それは、会長さんであっても一役員さんであっても同じだと思います。

いろいろなことをいう人がいますが、無理せずあせらずできる範囲でかかわってみてください。役目を引き受けただけでも立派なことですから。

2．怖いもの見たさで比較的前向きに引き受けた方へ

PTAは「子どもが同じ学校に通っている」というだけで、生まれも育ちも肩書きも違う大人が一堂に会しています。そして、子どもが卒業したらその会員資格を強制的に失ってしまいます。子

どもがいてこその世界、ぜひその前向きで面白がる気持ちを大切にしてください。

ＰＴＡ活動は外から見るよりもずっと多岐にわたっています。かかわる分野によって、事務能力、コミュニケーション能力、調整能力、体力といった、様々な能力を必要とします。自分の新たな可能性が見つかるかもしれません。時には驚くような能力を持った達人がいて一緒に活動しているだけで勉強になることもあります。長くお付き合いできる友人ができる人も多いようですよ。

３．やったるでー！とヤル気満々に引き受けた方へ

ちょっとだけ、ちょっとだけ、落ち着いてください。

あなたがやっていなかったこれまでの時間は、誰かがやっていたのです。その人は、渋々引き受けたけどそれなりに知恵を絞ってきたのかもしれません。

合理的ではないこともたくさんありますが、それがどんな理由で始まったのかぜひあなたのヤル気でたどってみてください。地域の歴史に触れる瞬間があるかもしれません。先生方にも目を向けてみてください。その不合理を受け入れている致し方ない理由があるかもしれません。

エネルギーを上手にコントロールして、ぜひ学校を、地域を元気にするパワーにしていってください。変えることは悪いことではないけれど、ボランティア組織ですからみんなの意見を聞くことを忘れずに！

最後に。世の中に青少年の健全育成を謳う団体は数あれど、保護者と教職員という子どもたちに直に接する大人だけで構成された青少年健全育成団体は、ＰＴＡだけです。子どもたちの一番そばにいて一番力になれるのは私たちだと、ぜひ胸を張って活動していってください。

そして、学校に行ったときには、子どもたちとぜひ交流してみてください。挨拶だけでもいいです。しばらくは変な目で見られますが、今まで以上に子育てを楽しむきっかけをたくさんもらえると思います。

がんばってください。応援しています！

第

6

章

PTA役員挨拶事例・各種案内等フォーマット・個人情報保護法の改正について

1 PTA役員挨拶事例

会長挨拶　組み立てのポイント

PTA会長としての挨拶も、立場によって内容は変わります。ここではざっくりと「保護者代表として挨拶する場合」と「主催者として挨拶する場合」の挨拶文の組み立て方をご紹介します。ポイントを押さえながら、学校の特色や季節、その時話題になっている人物・事象などを織り込んで、自分の言葉で語りかけていきましょう。ただし、PTAの綱領に則り、あらゆる政治や宗教のことには一切触れないことも忘れてはいけません。

保護者代表として挨拶する場合

【入学式】☆明るく前向きに、笑顔で

①新入生を歓迎する言葉
②学校の紹介
③保護者への挨拶（＋PTAへの協力依頼）
④来賓への御礼

【卒業式】☆おごそかな雰囲気で

①卒業生へ、過去の振り返り＋未来への希望
②保護者への挨拶
（労い及びPTAへの協力の御礼）
③先生・職員の方へ　指導への御礼
④来賓への御礼

【周年行事】☆格式を重んじて

①来賓の紹介及び出席への御礼

②学校の歴史紹介
③地域への協力の御礼と、ご列席の方々の繁栄とご多幸を祈念

【学校行事】

開会式 ☆**元気はつらつと**

①児童生徒に向け、今までの練習・努力への労を労い、本番を迎えるにあたり、奮い立つような激励の言葉を選ぶ
②学校・教職員への指導に対する感謝
③来賓（または地域からの参加）があれば列席への感謝
④（運動会など）大きな音が出る行事の場合は、近隣住民の方への配慮の言葉など

閉会式 ☆**達成感に満ちて**

①努力を労い、結果や練習成果への感想（勝ち負けにこだわらないように）
②会の感想及び指導への感謝

★学芸会、発表会等、各行事ともにそれぞれの特色を取り入れながら、基本的な組み立て方は同様になります。

主催者として挨拶する場合

【保護者研修会など】 ☆**誠実に**

①参加者へ、参集への感謝
②簡単な自己紹介及び主催団体の説明
③簡単に講演者のお名前や経歴を紹介
④研修会の趣旨・テーマの説明

【年度はじめ総会】 ☆**謙虚に**

＊会長就任挨拶→簡単な自己紹介＋会全体のことを考えた目標など
＊会長留任挨拶→簡単な自己紹介＋前年度の反省をふまえ、今年度の活動計画に触れた内容

①簡単な自己紹介＋意気込み
②総会議事内容を織り込んだ現状の説明
③協力のお願い

【年度末総会】 ☆**謙虚に**

①ＰＴＡ活動への協力に対する感謝の言葉
②活動の反省
③今後もＰＴＡ活動に対する協力のお願い

1-1
学校行事での挨拶

小学校入学式①

＊明るく前向きに、笑顔で＊

祝辞

新入生の皆さん

ご入学おめでとうございます。

今日から皆さんは、○○○小学校の一年生です。

ついこの前まで、幼稚園や保育園に通っていましたね。

今日から小学生の仲間入りです。

楽しみにしていましたか。

○○小学校はすごく昔からある学校で○○○年前からあります。○○市の小学校でも一番古い学校の一つです。

明治○年に学校ができたのでどれくらい古いかと言うと

おじいちゃんの、おじいちゃんの、お父さんが生まれたころ

それぐらい前からある伝統のある学校です。

○○市でも五つくらいしかないのですよ。

○○小学校では、校長先生をはじめ優しい先生方や、二年生から六年生までのお兄さんやお姉さんが、皆さんが来てくれることをとても楽しみにしていました。

小学校ではお勉強も運動もたくさんします。教室もいっぱいあって運動場も広いです。皆さんがわからないこともいっぱい出てきますが心配しなくて大丈夫です。先生方やお兄さんやお姉さんたちは皆さんが困っていたら、ちゃんと助けてくれます。

だから困ったときやわからないことがあるときは言ってください。

小学生になったので頑張って欲しいことがあります。

それは自分のことは自分でできるようになって欲しいのです。

例えば、

朝は自分でおきること

ご飯を食べるときは「いただきます」「ごちそうさまでした」と言えること
着替えもはみがきも自分でやります
明日の準備も自分でやることです。
いいですか。

保護者の皆さま
本日はお子様のご入学、誠におめでとうございます。
真新しいランドセルを背負って登校する姿を見たときに、我が子の成長を感じ新たな気持ちで今日の日を迎えておられることと存じます。
○○小学校育友会では子どもたちの健全育成のために、先生方や地域の皆様方と手を取り合って様々な取り組みを行っております。
ご存知のように少子化が社会現象となる中、多くの小学校では児童数の減少が叫ばれ、そのためにＰＴＡ活動もままならない学校も存在致します。
○○小学校におきましてはお陰様をもちまして、市内中心部においては希に見る大規模校でございます。
○○小学校ならではの育友会活動をより一層推進してまいりたいと考えておりますのでご協力と積極的な参加をお願い申し上げます。
本日ご出席の来賓の皆さま
ご多用中にも拘わらず、本校入学式に参列いただきまして誠にありがとうございます。
今年も元気な子どもたちが○○の仲間になってくれました。
また更に賑やかになりますこの地域を、今まで同様暖かく見守ってくださいますようお願い申し上げます。
結びに
本日ご参集の皆様方の御健勝と○○小学校の益々の繁栄を祈念申し上げまして私の祝辞と致します。

平成○○年○月○日
○○市立○○小学校育友会会長

1-1
学校行事での挨拶

小学校入学式②

＊明るく前向きに、笑顔で＊

小学校入学式挨拶

1年生の皆さん、今日はよくいらっしゃいました。

みなさんは、今日からこの○○小学校の1年生です。

これから6年間、この学校でみんなと仲良くお勉強をしていきます。

この学校には、いろんなことを教えてくださるやさしい先生方や、一緒に遊んでくれるお兄さん、お姉さんがたくさんいます。

みんな、みなさんのことを心配してくれていますから、何か困ったことがあったら、恥ずかしがらないで、すぐに相談してください。

学校はすごく楽しいところです。いっぱいお友達をつくって、みんなと仲良くしてください。

それでは、保護者の皆様にご挨拶申し上げまこのたびは、ご入学おめでとうございます。すでにお兄さんやお姉さんを学校にお出しになった経験をお持ちの方もございましょうが、ここでPTAとしてひと言申し上げたいと存じます。

子どもの教育というものは、学校に入ったら先生方に任せっきりというのも困りますし、反対に、教育熱心のあまり、あれこれと不必要なことまで口出しするというのも考えものです。子どもには持って生まれたそれぞれの才能があります。

親の価値観で子どもを方向付けする前に、まずは、子どもが最適な自分自身を見つけられるように、生活環境を整えてあげることが大切だと思います。

最近の子どもの生活環境は、一昔前に比べて劇的に、しかも悪い方向へ変化しています。だから、意識して親が子どもの生活環境をつくることが大事です。

ＰＴＡは、保護者の皆様と先生方とが協力し合い、子どもが素晴らしい教育環境の中で、のびのびと育っていけるように活動を続けてまいりました。これからもその精神は変わりません。

皆様の積極的なご参加、ご協力をお願い申し上げて、挨拶といたします。

本日は本当におめでとうございます。

他に、学校紹介や来賓へのお礼を述べます。

1-1
学校行事での挨拶

小学校入学式③

＊明るく前向きに、笑顔で＊

新1年生のみなさん並びに保護者の皆様、本日はご入学、誠におめでとうございます。

期待に胸を膨らませたお一人お一人の輝いた瞳を拝見し、たいへん喜ばしく感じております。今日からみなさんは、小学生です。小学校では、たくさんのお友達といろいろな勉強をします。先生のお話をよく聞いて、楽しく覚えていきましょう。わからないときは恥ずかしがらずに、先生に質問しましょう。お友達にもどんどん話しかけて、仲良くしましょう。仲良くするためには、まず大きな声で挨拶をしましょう。朝の始まりは「おはよう」からです。

後ろに座っている○年生のみなさんは、自分が入学した頃を思い出し、学校の中や登下校の時など新1年生の困った姿を見たら、優しく声を掛け、優しく教えてあげてください。

保護者の皆様、改めましておめでとうございます。

小さな背中に背負うランドセルの姿に成長を感じ、ご家族の喜びも大きなものと存じます。

子ども達はこの学校で様々なことを体験し、多くのことを学び、日々成長を重ねていきます。

その健やかな成長のために、家庭と学校そして地域社会が一体となって、子ども達を温かく見守っていきたいと思います。子ども達が楽しく有意義な小学校生活を送れるよう、これから6年間ご一緒に力をあわせて参りましょう。

ご家族の皆様のご理解、ご協力をお願いいたします。

最後になりましたが、校長先生をはじめ、諸先生方、これからの6年間の子ども達の成長を温かい目で見守ってくださいますよう、よろしくお願い申し上げます。

簡単ではございますが、PTAを代表いたしましてお祝いの言葉とさせていただきます。

他に、来賓への御礼を述べます。

1-1
学校行事での挨拶

小学校入学式④

＊明るく前向きに、笑顔で＊

新入生のみなさん、ご入学おめでとうございます。

今日のみなさんは、3月まで幼稚園や保育園に通っていたとは思えないほど、堂々として見えます。先ほどの校長先生のお話の間も、体を動かさずに最後まで静かに聞いて、とてもすばらしかったです。

今、みなさんは小学校に入ることを考えて、胸がワクワクしたりドキドキしたりしていることと思います。この○○小学校には、優しいお兄さん・お姉さんがたくさんいます。そして、時には厳しい時もありますが、いろいろなことをいっぱい教えてくれる優しい先生方もいます。学校の外では、みなさんのことを心配してくれるとってもやさしい地域の方がいます。

これからは大勢の方が見守ってくれますので、みなさんも毎日大きな声で挨拶をできるようになりましょう。そして先生の言うことをよく聞いて、お友達と仲良くして、立派な1年生になってください。

保護者の皆様、ご入学おめでとうございます。私、○○小ＰＴＡ会長の○○と申します。

子ども達はこれから毎日、いろいろな経験を積み重ねながら、様々な才能や個性の芽を膨らませていくことと思います。子どもにはみな可能性があります。子どもの夢は無限ですし、恐れを知りません。そんな子ども達のために保護者として最大限の応援をしてあげたいと思います。

子ども達は、自分に対する親の評価をもとにして「自分」という存在を形づくっていくようです。私達がたくさん見つめてあげて、話を聞いてあげて、「すばらしいなぁ」と感じたことを率直に褒めて話してあげることが、子ども達にとって何よりも大切な応援なのではないかと思います。

また、ＰＴＡ活動は子ども達が健やかに育つための環境づくりが中心ですが、保護者の方々の仲間の環を広げる交流の場でもあります。ＰＴＡ活動の折りに触れて、お父さん、お母さん方の友達の環が広がれば、そのこと自体がすばらしい子ども達への環境づくりにつながると思っています。これからの６年間、おつきあい、よろしくお願いいたします。

最後になりましたが、○○校長先生をはじめ、諸先生方、これからの６年間の子ども達の成長を温かい目で見守ってくださいますよう、よろしくお願い申し上げます。

他に、来賓への御礼を述べます。

1-1
学校行事での挨拶

中学校入学式①

＊明るく前向きに、笑顔で＊

新入生のみなさん、ご入学おめでとうございます。

みなさんは、新しくスタートした○○中学校の栄えある第1期生です。

第1期生といっても、あまりピンとこないかも知れませんが、10年、20年と年月を重ねていくうちに、だんだんとその価値がわかってくると思います。

中学時代は、希望と悩みがぶつかり合う時代といえます。

ときには、どうしようもなくつらくて、くじけそうになることがあるかもしれません。

しかし、みなさんは、自分にしか果たせない「使命」を持った大切な存在であることを忘れないでください。

さて、今年は歴史上でも有名なジョン・F・ケネディが大統領に就任して○年になるそうです。

1961年1月20日に大統領就任します。若干、43歳。

2年後の1963年11月22日にテキサス州ダラスで遊説中に暗殺されてしまいます。

彼は大統領になるときにひとつの有名な政策ビジョンを掲げました。

それは「ニュー＝フロンティア」政策です。直訳すると「新たな開拓」という意味になります。

キューバ危機の打開、核実験の縮小や宇宙開発の推進、公民権法の制定など、数多くの実績を残しました。

しかしこれらは、大統領就任前は誰もやったことがない未開拓の難問ばかりでした。

彼は、その未開拓の問題を解決するために奮起します。

誰もやったことがない。前例がない。「だからやめておこう」ではなく、「それなら、自分が前例をつくってみせる」と自分の描いた夢に向かって走り続けます。

ケネディは語っています。

「人間は自らが望むだけ偉大になれる。人間の運命の問題で人間の手が及ばないものはない」と。

言い換えれば「人は自分が描いた夢を必ず実現できる。自分の前に立ちはだかる悩みや問題で解決できないものはない」ということでしょう。

第1期生であるみなさんも、「ニュー＝フロンティア」精神で、すばらしい歴史をこれから作り上げていってください。

みなさんの「勇気ある行動」に期待を寄せて、お祝いの言葉とします。

他に、保護者への挨拶や来賓へのお礼を述べます。

1-1
学校行事での挨拶

中学校入学式②

＊明るく前向きに、笑顔で＊

祝辞

新入生のみなさん、ご入学おめでとうございます。

保護者の皆様、お子様のご入学心よりお祝い申し上げます。

ご来賓の皆様、本日はご多忙の折ご来席賜り、誠にありがとうございます。

新入生の皆さんは、今日から中学生です。○○中学校の生徒です。初めて着る制服。新しいカバンや教科書。初めての友達。何もかも頑張るぞと、希望に心が満ち溢れていることでしょう。社会という、入り口に立ちました。自分を磨く時が来ました。

しかし、今日のような入学式を迎えられない方々が大勢います。東日本大震災から、○○年が経ちました。この惨劇によって、多くの方が深い悲しみや今もなお不自由な生活を余儀なくされています。

出口の見えない不安のなか、自らも被災しながら「共に苦しんでいる人のために」と、互いに助け合いの心、「聞いてあげる」「わかってあげる」「駆けつけてあげる」このことのたいせつさ。

「自分の話を聞いてくれる」そのこと自体が、生きる励ましになっていくのです。

それぞれの立場で、人々の「心の声」を聴き、励ましの輪が広まっています。

東北の大詩人・宮沢賢治は、いかなる風や雨にも負けない稲穂の緑を見て、詩を詠みました。その一節に

「もうこの次に倒れても、稲は断じてまた起きる」

とその感動を記しました。

「断じてまた立つ！」

新年度のスタートは、一人一人が新たな決意

で前進していただきたいです。
時代の変革の大きなうねりの中で、子どもたちの健やかな成長を願い、本日の私のご挨拶とさせていただきます。

他に、保護者への挨拶や来賓へのお礼を述べます。

1-1
学校行事での挨拶

小学校卒業式①

＊おごそかな雰囲気で＊

祝辞

卒業生の皆さん、ご卒業おめでとうございます。

皆さんは六年前の入学式を、覚えてますか。まだ体も小さく、その椅子に座ったものの、足が床に届かないので、ブラブラしていました。それはかわいらしい一年生でした。

あれから六年が過ぎましたが、今目の前にいる皆さんはとても立派に成長し、頼もしく感じます。この六年間は心も体も大きく成長した六年間だったと思います。

勉強も運動もたくさんやりました。どれに対しても真剣で一生懸命でした。頑張ってうまくいった時の喜びあり、なかなか上手くできなかったことが、一生懸命頑張ることで、できるようになった、そんな経験もあったことでしょう。

友達と協力することで、ひとりではできなかったことができた時に、友達の大事さや有難さを感じたことでしょう。

そして、その仲間とはかけがえのない絆が生まれたはずです。

小学校の六年間で学んだことや体験したことは、これからの皆さんの人生にとってかけがえのない宝物としてこれからも心の中にあり続けるはずです。

大事な仲間をこれからも大事にしてください。

さて、皆さんは「夢」をもっていますか。

人権集会の時に〇〇小学校に来て下さった弓削田健介さんを皆さんは覚えていると思います。

弓削田健介さんの歌に「ドリーム　アンド　ドリーム～夢をつなごう～」という歌があります。

「この地球にあるものみんな　誰かが見た夢でできている。

夢が形になったんだ　鉛筆も望遠鏡も。

始めようもう一度　素敵な夢を描くことから。

涙こぼれそうな時でも　信じることを忘れないでいよう。」と続きます。

たくさん夢を描いて、素敵な人生を送って欲しいと思います。

四月からは中学生です。自覚と責任感のある立派な中学生になってください。

保護者の皆様、本日はお子様のご卒業、誠におめでとうございます。本日この卒業式を無事に迎えられますこと、感無量のことと存じます。小さかった我が子の成長を思い、目を細めていらっしゃることでしょう。

まるでランドセルが歩いているかのように、小さかった子どもたちはこんなに立派になりました。晴れの日のお子様の姿に歓びもひとしおと存じます。又、日頃より育友会活動には一方ならぬご支援を賜りましたこと、厚く御礼を申し上げます。

校長先生をはじめ、諸先生方、そして職員の皆様。

個性豊かな子どもたちをここまで根気強くご指導くださいましてありがとうございました。先生方に大変熱心なご指導と、溢れんばかりの愛情を注ぎこんで頂き、この子達はこんなに立派になりました。

卒業後も成長を見守って下さいますようお願い申し上げます。

ご来賓の皆様方、本日はご多用の中、本校卒業式にご臨席賜りまして誠にありがとうございました。

毎日のように全国各地で子どもに関わる事件等のニュースが報道されます。本校校区におきまして、子ども達が安心して通学できますのは、地域の皆様のご尽力によるものと感謝致しております。

今後も地域の皆さまのお力添えを頂き小学校を支えて頂きますようお願い申し上げます。

結びになりますが、校歌の一番に「〇〇の校舎　翼ひらきて」とあります。これは〇〇の希望、そして正面玄関から左右に広がる翼のような校舎の形状で、平和の象徴の鳩が飛び立つ姿をイメージしたとも聞いています。子どもたちは、平和の象徴・希望です。

巣立っていく〇〇名の卒業生の輝く未来と世の平和が続くことを願い、本日ご列席の全ての皆様のご健康ご多幸を祈念申し上げお祝いの言葉と致します。

平成〇〇年三月〇〇日
〇〇市〇〇小学校　育友会会長

*弓削田健介「Dream & Dream～夢をつなごう～」より一部引用

1-1
学校行事での挨拶

小学校卒業式②

＊おごそかな雰囲気で＊

６年生の皆さん、晴れのご卒業、おめでとうございます。

皆さんを祝福するかのように、空も晴れわたりました。

６年間、陰に陽に温かく見守り、ご指導してくださった校長先生をはじめ、諸先生方に心から感謝を申し上げます。

本当にありがとうございました。

今日の皆さんの姿を見て、一番喜んでおられるのはきっとお父さん、お母さんでしょう。

今日、家に帰ったらお父さん、お母さんに、またお世話になった方々に、必ず感謝の言葉を伝えてもらいたいと思います。

「大きくなったら、お父さん、お母さんを楽にさせてあげるから、それまでは元気でいてね」とか、「病気がちの私を、いつも心配して見守ってくれてありがとう」など、自分の言葉で、心を込めて、笑顔で、堂々と、言ってほしいと思います。

お父さんやお母さんはきっと喜んでくれると思います。

ひょっとしたら、涙を流して泣いてしまうかもしれません。

ビックリして、額に手を当てて熱を計るかもしれません。でも、うれしいのです。

それが、今、皆さんにできる一番の親孝行だと思います。

今はどの家庭も大変な時代です。

皆さんの見えないところで、お父さんやお母さんは、朝早くから夜遅くまで、一生懸命に働いて、皆さんを支えてこられました。

「たまにはレストランで一緒にご飯食べたかったな」とか「休みの日はどこかに出かけたかったな」とか、それぞれいろんな不満もあるでしょう。

しかし、何もかも恵まれて、何の苦労もない、悩みもない人生はかえって不幸だと思います。若い時はうんと苦労をして、その苦闘の中で成長し、力を付けて、光り輝く人生を飾っていっていただきたいと思います。


皆さんの成長した今日の姿を見て、改めて思ったことがあります。

家庭は社会の縮図といわれます。親の背中を見て子どもは成長していきます。

私たち大人が、自分の両親や職場、地域をはじめ、支えてくださっている多くの人々の恩を知り、その恩に対して誠実に、一生懸命応えていくことが、皆さんにとって最高の生きた教育ではないかと思いました。

皆さんがいたから私たち親もがんばれたのです。

皆さんがいるから、これからもがんばれるのです。

今日まで元気でいてくれてありがとう。

私の心からのお祝いの言葉とします。


最後に、来賓へのお礼を述べます。

1-1
学校行事での挨拶

小学校卒業式③

＊おごそかな雰囲気で＊

　○○名の卒業生の皆さん、本日は御卒業おめでとうございます。そして御家族の皆様、この晴れの日を心よりお祝い申し上げます。

　この卒業式を迎えるにあたり、何よりも喜ばれているのは、皆さんの後ろに座っていらっしゃる、保護者の皆様だと思います。私も、卒業生を持つ保護者の一人です。小さかった皆さんが、見違えるように身体も心も大きく成長して、この卒業式を迎えることに、私は、胸がいっぱいです。

　この祝辞を考えるとき、皆さんの小さい頃を思い出しました。今から十二年前に、皆さんが誕生したときのこと、小さかった赤ちゃんの頃、初めて立ち上がった頃、病気になって病院に駆け込んだこと、そして、この○○小学校に入学した六年前の頃。お友達が遊びにきたこと、笑ったこと、喧嘩したこと、そして、たくさん話したこと……。皆さんの成長を通じて、私たち自身も、大人として、保護者として、成長ができたと思っています。元気にここまで大きく育ってくれたことに、ただただ、感謝、感謝であります。

　この成長は、ここにいらっしゃる、先生方や、地域の方々のたくさんの人達に見守られ、隣にいる友達という仲間達がいたからこそ大きく成長できたのだと感じます。

　さて、卒業生の皆さん、皆さんは、アンパンまんのマーチという歌を知っていると思います。その歌詞が私は好きです。勇気をもらいます。

なんのために生まれて、
何をして生きるのか、
答えられないなんて
そんなのは嫌だ。
今を生きることで
熱い　こころ燃える
だから君は行くんだほほえんで、
そうだ、嬉しいんだ生きる喜び
たとえ胸の傷が痛んでも。
何が君の幸せ
何をして喜ぶ

わからないまま終わる
そんなのは嫌だ
忘れないで夢を
こぼさないで涙
だから君はとぶんだ何処までも
時は　はやくすぎる
光る星は　消える
だから君は行くんだほほえんで
そうだ嬉しいんだ生きる喜び
たとえどんな敵があいてでも

あらためて聞くと素敵な歌詞でしょう。失敗を恐れないで・・・自分を信じ、夢を、希望を持ってください。

小学校六年間で、自分が自分になるための「生きる力」を磨いてきました。新しい中学校では更に、自分の中にどんな才能があるかを探す新しい旅立ちの時です。「どんな人にでも持って生まれた才能があるはず！」

新しい旅立ちに必要なものは、「失敗を恐れない」ということです。自分は何が得意なんだろう？何が好きなんだろう？といっぱい挑戦して、いっぱい失敗して、自分探しをしてください。さあ！自分の中に眠っている可能性を見つけるために、自分を信じて、天から与えられている、「生きる意味さがし」の旅立ちです！精一杯チャレンジしてください。

今、まさしく節目の時。近くにいて子どもを抱きしめる幼稚園の時期から、そっとおろして見守った小学校生活も終わります。そして、これからの中学校生活は、大人の姿を見つめさせる時期だと私は思います。子どもたちが伸び伸びと挑戦できるよう、私たち大人も、暖かく、余裕をもち見守っていきましょう。

最後になりましたが、校長先生はじめ、諸先生方の御指導、御苦労に対し厚く御礼申し上げます。これからも、この○○名の卒業生の生涯の恩師とし、見守り御指導の程、宜しくお願い申し上げます。

また保護者の皆様におかれましては、六年間、ＰＴＡ活動に御協力くださいまして誠にありがとうございました。そして、春から最上級生となる、五年生の皆さん、○○小学校を頼みます。最後に卒業生の皆さん、○○小学校のリーダーとして下級生を引っ張ってきてくれてありがとう。これで、父母教師会からのお祝いの言葉と代えさせて頂きます。

平成○○年○○月○○日
父母教師会 会長　○○　○○

終わります。

1-1
学校行事での挨拶

小学校卒業式④

＊おごそかな雰囲気で＊

日本一の〇〇小学校の卒業生の皆さん、ご卒業おめでとうございます。

６年前の春４月、お父さんやお母さんに手をひかれながら入学したこの〇〇小学校、あれから６年、ぴかぴかで大きかったランドセルも、いつの間にか色あせ小さなものとなり、お父さんやお母さんとは同じ目線で話ができるようになりましたね。

みなさんにとってこの〇〇小学校で過ごした６年間を改めて振り返ると、いろいろな思い出がよみがえってくるのではないでしょうか。修学旅行や林間学校、運動会や校内音楽会、５連覇を達成した市内陸上大会、そして先日の６年生が一体となった「はばたきの会」、素晴らしい仲間達や先生と共に、素晴らしい思い出をつくることができた時間、それが〇〇小学校での６年間だったのではないでしょうか。今日、その思い出を胸に秘め、素晴らしい仲間達とともにこの学び舎を巣立っていってください。

人は、一人では生きてはいけない動物だといわれています。仲間がいるからこそ、助け合ったり、励まし合ったり、時にはケンカをしながら、生きていけるのです。中学校に入学すると、新たなすばらしい出会いがみなさんには、たくさんあることと思います。その出会いを大切にし、中学校でも心から信頼できる仲間を作ってください。これからのみなさんの中学校生活が有意義なものとなるよう、また、素晴らしい出会いがあることを心からお祈り申し上げております。

今日まで、愛情深くはぐくんでこられた保護者の皆さま、本当におめでとうございます。心よりお祝い申し上げます。また6年間、本校PTA活動に、ご理解ご協力を頂きまして心より感謝申し上げます。大変ありがとうございました。お子様がご卒業されましても今後は地域の方々として○○小学校の子供たちを暖かく、時には厳しく見守って頂きたくお願いいたします。

最後になりましたが、○○校長先生をはじめ、諸先生方、子ども達一人ひとりに対する6年間の思いが、今日のこの晴れやかな会場に集約されていると思います。本当にお世話になりました。

これからも温かい目で、子ども達の成長を見守っていただきますようお願いいたしまして、お祝いの言葉とさせていただきます。本日は、誠におめでとうございます。

他に来賓への御礼を述べます。

1-1 学校行事での挨拶

小学校卒業式⑤

＊おごそかな雰囲気で＊

○○小学校の卒業生の皆さん、ご卒業おめでとうございます。

６年前、初めてここに集まった日のことを皆さんは覚えていますか？　目を輝かせ、期待で小さな胸を膨らませこの体育館で入学式の席についていましたね。あれから６年の歳月が流れ、同じこの場所で通いなれた○○小学校に別れを告げようとしています。

この６年間　振り返ってみると、いつも楽しいことばかりではなかったと思います。先生やお父さんお母さんに叱られたことも沢山あったでしょう。また晴れの日ばかりでなく雨の日も、暑い日も寒い日もありました。楽しい行事に心弾む日もあれば、いやな出来事に登校する足取りが重かったこともあったでしょう。それでも皆さんは一生懸命に学校に来て、先生方や沢山の友達と勉強や運動に励み、ここに卒業式を迎えることになりました。それは皆さんの頑張りのあかしであると共に、これからの皆さんの生きる力になると思います。

何事にも全力で取り組むのが○○小学校の伝統です。『誰にでもできることを、誰よりも全力で』というかっこいい姿を皆さんはいつも私たちや下級生に見せてくれました。６年間の思い出は数え切れないですが、特に今年度の運動会での８段ピラミッドは皆さんが小学校生活の集大成を見せようとする気持ちが伝わり、とてもカッコよく、○○小の最上級生の誇りを見せていただきました。本当にカッコよかったです。

今皆さんは、新しい中学校の生活への期待に胸を膨らませる一方で、小学校を離れる寂しさや不安も感じていることでしょう。でも不安に関して少しも心配はいりません。なぜなら６年前、今よりずっと小さな体で不安いっぱいの小学校生活をスタートさせた皆さんが、いつの間にか学校になじみ、たくましく成長し、本年は最上級生として○○小を引っ張っていってくれたではありませんか。

新しい環境に慣れるのは、人間の持っているすばらしい能力です。その能力を大いに利用し、○○小学校で積み重ねたすばらしい経験や、先生方の教えを活かし、これから力強く自分の足で歩んでいってください。期待しています。

そして、皆さん一人ひとりは、世界でたった一人しかいない存在です。お父さんお母さんの暖かい愛情に包まれて、立派に成長してゆけることに感謝し、これからの自分自身の生き方を大切にしてほしいと思います。

保護者の皆さま、お子様のご卒業本当におめでとうございます。心よりお祝い申し上げます。

また、６年間本校ＰＴＡ活動にご理解ご協力を、頂きまして心より感謝申し上げます。大変ありがとうございました。お子様がご卒業されましても今後は地域の方々として○○小学校の子どもたちを暖かく、時には厳しく見守って頂きたくお願い申し上げます。

最後になりますが、校長先生をはじめ、諸先生方。子供たち一人ひとりに対する６年間の想いが、今日のこの晴れやかな卒業式に集約されていると思います。先生方には本当にお世話になりました。ありがとうございました。これからも温かい目で、子供たちの成長を見守っていただきますようお願いいたしまして、お祝いの言葉とさせて頂きます。

他に来賓への御礼を述べます。

1-1
学校行事での挨拶

小学校卒業式⑥

＊おごそかな雰囲気で＊

風薫る季節となり、桜の花が待ち遠しいこの春の日に〇〇市立〇〇小学校を卒業する〇〇名の皆さん、ご卒業おめでとうございます。PTAを代表してひと言お祝いを申し上げます。

６年前の４月、皆さんはこの〇〇小学校に入学しました。おうちの方に手を引かれ、大きなランドセルを背負って校門を入ってきましたね。一年生の時の事を覚えていますか？クラスはどんな様子だったでしょう。知らない友達がいたり、なかなかお話ができなかったり、すぐに泣いたりしていた人がいたかもしれません。ずっとおしゃべりばかりしていた人もいたかもしれません。先生や上級生に何か言われなければ自分たちで考え行動することは難しかったでしょう。

それが今年は、最上級生として下級生をまとめるようになり、今日は立派な態度で卒業式に臨むまでになりました。そう、この６年間で皆さん一人ひとりが確かに大きく成長したのです。そのことに自信を持ってください。これからの中学生活の中でじっくり時間をかけて、さらに大きく成長してほしいと思います。

東日本大震災から〇年という月日がたちました。これまでにない大変な思いを経験した皆さんにお願いがあります。それは夢を持ちその夢に向かってこれからの人生を進んでいただきたいという事です。目的地に向かって進む旅ならルートがいくつあっても、回り道をしたとしても、向かう方向が見えている分迷いも少ないはずです。そして目的地に少しずつ近づくたびに、充実した幸せな気持ちになる事でしょう。夢を持つことではじめてそこにたどりつける可能性ができるのだと思いませんか？これからさまざまなことを学び、経験していくなかで目的地を変更することもあると思います。そうしたら、また夢を探してください。とてもうらやましいことに、まだ若い皆さんは、どんな夢を持ち目指すことも不可能ではありません。大震災でその夢さえもかなえずに犠牲になってしまった仲間達の為にも自分の為にも、夢を大切に持ち続けその夢を目指して進んで行ってください。

保護者の皆様、本日はおめでとうございます。また、６年間のＰＴＡ活動にご理解とご協力を頂きありがとうございました。

皆さんは、多くの人に見守られ心から祝福の中で卒業していくのです。当たり前のようでとても幸せなことをどうぞ忘れないでください。

子どもたちをあたたかくご指導いただきました校長先生をはじめ先生方に厚く御礼申し上げます。

最後になりましたが、今日の良き日にご列席を頂きましたご来賓の皆様をはじめ、ご列席の皆様のご多幸とご健勝と、そして何よりも卒業生皆さんのそれぞれの夢がかないます様、心からお祈りしてあいさつとさせていただきます。

平成〇〇年三月〇〇日

〇〇市立〇〇小学校

ＰＴＡ会長　〇〇　〇〇

1-1
学校行事での挨拶

小学校卒業式⑦

＊おごそかな雰囲気で＊

お礼の辞

例年になく雪を見ない冬を越し、吹く風にも春の訪れを感ずる今日ここにご来賓の皆様ご臨席のもと、このように厳粛な卒業式を挙行していただき、誠にありがとうございました。

卒業生保護者を代表いたしまして、ひと言お礼を申し上げます。

６年前、満開の桜の下で、緊張の面持ちで写っている写真を思い浮かべながら、現在の心身ともにたくましく、まぶしいばかりに成長した子供たちを見るに付け、人間にとって、教育の偉大な力を強く実感するものであります。

期待と不安で始まった小学校での生活は、子供ばかりでなく私たち親にとっても、得難い学びの機会であり、改めて子の親として、その責任を自覚したものでございます。

それでも先生や上級生の指導のもとに、毎日楽しく学校に通うことができ、安堵したものでした。

そして高学年になって、自分たちが下級生のお世話をする立場になってからは、そのことがリーダーシップを養う訓練になりました。

その成果は運動会や○○っ子ステージ、さらに修学旅行や○○小学校創立○○周年記念事業などで十分に発揮され、先生の指導のもとに自主的に計画を立て、仲間と話し合いながら立派に進めることができました。

これから、卒業生の多くは○○中学校へ行かれる訳ですが、このクラスは、みんなとても仲が良いと聞いています。素晴らしいことです。どうか中学校へ行っても、力を合わせて良い学級を、学校を作り上げて頂きたいと思います。大いに期待しています。

今 世界が大きく変わろうとしています。どんな時代でも、どんな境遇でも、この恵まれた○○の地で過ごした日々を忘れず、常に夢に向かって進んでください。必ず道は開けるものです。どうか皆さんには、正しく学び、身を律して、世界から尊敬される立派な日本人になって欲しいと、切に願うものであります。

ここに、無事卒業式を迎えるにあたり、地域の方々のご支援を忘れることはできません。学校の環境整備や○○っ子広場、さらに日頃からの挨拶運動など、やさしく声をかけて下さり、いつも見守って頂いていたことも、どんなに安心で心強かったことか、改めて御礼を申し上げる次第でございます。

最後に、これほどの良き師と良き友に出会えた○○小学校が、今後も健全に発展されますようお祈り申し上げます。これまで教え導いて下さった校長先生をはじめ、諸先生方のご努力に、心から感謝の意を表し、併せて今後のご指導をお願い申し上げ、お礼の言葉といたします。

ありがとうございました。

平成○○年三月○○日

第○○回卒業生　保護者代表

○○　○○

1-1
学校行事での挨拶

中学校卒業式①

＊おごそかな雰囲気で＊

卒業生のみなさん、ご卒業おめでとうございます。

在学中の３年間には、楽しかったことや苦しかったことなど、いろいろな出来事があったと思います。しかし、今となってはそのすべてが懐かしい思い出ではないでしょうか。

みなさんは、先生方の教えを忠実に守り、本校の伝統を受け継ぎ、その校風を内外に示しつつ、飛躍的に発展させてくれました。

勉学はもちろん、部活動におきましても、素晴らしい成績をあげられ、〇〇市立〇〇中学校の名を全国にとどろかせ、私たちに大きな感動を与えてくれました。その陰には校長先生をはじめ諸先生方の献身的なご指導があったことは申すまでもありません。そしてまた、みなさんの日々の努力と鍛錬の賜だと思います。そんな先生方、皆さんに心から敬意を表し、感謝申し上げます。

平成〇〇年度は、本校の創立〇〇周年にあたるたいへん忙しい年でした。ＰＴＡと生徒会が一体となり、本校をより良くするために、様々な活動や試みに取り組みました。その中の一つが、生徒と先生方と保護者が一緒に同じ歌を歌うことでした。このように、三者が一体となって一つの歌を歌える学校は、おそらく他にはないでしょう。これは、本日卒業されるみなさんが中心となって築かれたことであり、今後も伝統として末永く引き継がれていくことと思います。

義務教育を無事に卒業される皆さんは、進学、あるいは就職と、思い思いの方向に旅立とうとしています。行く道はそれぞれ異なりますが、中学校で学んだことをもとに、高校生として、社会人として、誇り高く生きていただきたいと思います。

これからは、家庭や社会においても今までのような手厚い保護や甘えは許されません。自らの手で道を切り開き、自分の言動に責任を持って進んで行かなければなりません。

皆さんを取り巻く環境は、日々複雑さを増し、社会の目もまた一段と厳しくなることでしょう。しかし、物事の善悪をしっかりとみきわめる目を養い、決して周りに惑わされることなく、しっかりとわが道を進んでいただきたいと思います。

みなさんは、これからの長い人生の入口に立っています。人生にはいろいろなことがあります。楽しいこともあるでしょう、苦しいこともあるでしょう。ですが、どのような時も、この3年間友情を深めた仲間やお世話になった先生方、そして、共に学んだこの校舎を忘れることなく、それを礎として強く生き抜いていただきたいと思います。

最後になりましたが、校長先生はじめ諸先生方、子どもたちに対して、終始変わらぬ教育指導を頂きましたことをここに深く感謝致します。併せて、今まさに巣立とうとするこの大勢の教え子たちに、いつまでも変わらぬご慈愛とご指導を賜りますようお願い申し上げまして、お祝いの言葉といいたします。

他に、保護者の方へPTA活動においての協力のお礼や、来賓へのお礼を述べます。

1-1
学校行事での挨拶

中学校卒業式②

＊おごそかな雰囲気で＊

三年生のみなさん、ご卒業おめでとうございます。

今日はみなさんに何をお話ししようかといろいろ考えたのですが、やはり一番は「ありがとう」を言いたいと思いました。

三年生ということで、何かとプレッシャーや不安もあったと思いますが、見事にその責任を果たしてくれたと思います。

その姿に、どれほど後輩たちが安心し、また先生たちも頼もしく感じられたことでしょうか。本当にありがとう、そしてご苦労様でした。

体より大きい制服を着て入学した皆さんが、いつの間にか、こんなにたくましくなって、お父さんやお母さんも喜んでいらっしゃると思います。また、同時にみなさんが居てくれたから私たち保護者も、今まで頑張ることができたのも事実です。そして、またこれからも頑張っていくことができるのです。

お父さん、お母さんを代表してお礼を言います。「私たちの子供に生まれてきてくれてありがとう。」

そのことを一番にみなさんに伝えたいと思いました。

さて、みなさんは学校生活の中でよく聞いた言葉があると思います。

それは「○○○○　○○○○」という○○中学校の教育方針です。

みなさんには、これから自分の夢を実現するために開けなければならないたくさんの扉があります。

この夢の扉を開けるには三つの鍵を持つことが必要になります。

今日は、その三つの鍵について話をしたいと思います。

○一つ目は「大きな目標」という鍵を持つことです。

とです。

目標はできるだけ大きいほうが自分を成長させてくれます。
○二つ目は「一歩前へ踏み出す勇気」という鍵を持つことです。
勇気がなければ、行動することができません。
○三つ目は「絶対にあきらめない努力」という鍵を持つことです。
努力はうそをつきません。

たとえ勝負に負けたとしても、あきらめない努力があれば必ず勝利します。


みなさんには無限の可能性が限りなく秘められています。

思うようにいかないときも、くさってはいけません。

うまくいかないときも、自分らしくベストを尽くしていけば、必ず、そこから新しい次の道が開かれます。

桜も厳しい冬を耐え、春という時を待って花を咲かせます。
○○年後、みなさん一人一人が思い思いの花を咲かせるために、またここに来てくれることを夢見て、私からの贈る言葉とします。

他に、先生・職員の方へのお礼、来賓へのお礼、保護者の方へPTA活動においての協力のお礼等を述べます。

1-1 学校行事での挨拶

中学校卒業式 ③

＊おごそかな雰囲気で＊

○○中学校　3年間の思い出を胸に巣立っていく○○名の卒業生のみなさん、ご卒業おめでとうございます。

また、今日までお子様の健全な成長を願い、見守ってこられた保護者の皆様に、心からお祝い申し上げると共に、PTA活動に深いご理解、ご協力を賜り誠にありがとうございました。

私は、皆さんの文化祭での合唱が、今でも忘れられません。舞台に立った人数から想像もつかない、大きな躍動ある声。合唱団のように聞こえ、本当に素晴らしかったです。感動しました。一人一人が、自分たちしか居ないと自覚して、互いに信頼し、人に言われてやるのではなく、それぞれが、使命と責任を感じた結果だと思います。自分らしく、自分の居る場所で頑張ること、それが勝利につながるのです。

その子どもたちを導いて下さった、校長先生はじめ先生がた、「チーム○○中」を合言葉に、先生方みずから団結し、きめこまやかなご指導をいただきました。厚くお礼申し上げます。

しかし、今、日本にとって忘れてはならないことがあります。

数日前に、東日本大震災から○年が経ち、被災地にはまだまだ光が見えません。沿岸地域における農漁業、地場産業は、復興とは程遠い状況です。被災した方々は、心に深い傷を抱えたまま、厳しい現実に押しつぶされそうになっています。

○○市の○○市長さんが語った言葉に、

同じ日本の中に、多くの喜べない人、祝えない人がいることを忘れ去られた時、被災地の孤立感は深くなるでしょう。頑張りがきかなく、生きる望みが断たれてしまう。被災地を忘れない努力を、切に願います。しかし私には夢があります。○○市の復興計画基本理念に、「へだてのない町」。高齢者や障がい者が気兼ねなく暮らせる町。「世界に誇れる美しい町の創造」人の心が温かく、美しい町を作りたいという一節があります。

励ましの力で、一人一人の「心の復興」と希望を持つ事が大事だということを、皆さんは忘れないでください。

最後に○○市○○担当部長の○○様をはじめ、多数のご来賓の皆様、本日はお忙しい中ご臨席賜りまして誠にありがとうございます。

卒業生の皆さんのご活躍をお祈りして、私からのお祝いの言葉とさせていただきます。

1-2
総会、記念式典での挨拶

年度はじめ「PTA総会」会長挨拶

＊謙虚に＊

みなさん、こんにちは。

本校PTA会長を仰せつかりました○○　○○と申します。

私は、○学○年生の○○（長男）と、○年生の○○（長女）が、本校にお世話になっており、昨年度は、PTA○○をさせて頂き、今年度は会長という大役を頂きました。どうぞよろしくお願いいいたします。（礼）

私のPTAの目標は、

目標を話す

です。

それは、

理由を話す

だからです。

これから皆さんと一緒に

自分（会長）の気持ちや意気ごみ等を話す

して活動を行ってまいります。

どうぞ、皆さまの温かいご理解とご協力をよろしくお願い致します。

平成○○年○○月○○日

ＰＴＡ会長　○○　○○

1-2
総会、記念式典での挨拶

平成○○年度「第○回定期総会」会長挨拶

＊誠実に＊

本日は、「平成○年度　第○回　定期総会」に（○○）知事、（○○）県議会議長様、（○○）県教育委員会教育長○○様、県教育庁社会教育課（○○）課長様、はじめ多数のご来賓の皆様のご出席をいただき誠に、ありがとうございます。

また、単位ＰＴＡの会長・役員の皆様におかれましては、日頃より、学校との連携、地域への協力、子ども達への温かい見守り、本当にありがとうございます。

そして、○年度各表彰を受賞されます皆様、おめでとうございます。

団体・学校におかれましては、各ブロックのまとめ役として研修会を主催していただきました。また、個人表彰におかれましては、ＰＴＡのリーダーとして、各学校のＰＴＡ活動を長年実践されましたこと、心から感謝申し上げます。本当にありがとうございます。

さて、県ＰＴＡ連合会は、○年より○年間、「単Ｐに近い県Ｐ」というスローガンのもと、役員、理事、委員、一同、気持ちを一つにし、活動してまいりました。

県に求められていること、県ができることを考え、単位ＰＴＡの活動にとって、身近で頼りがいのある事業を心がけて参りました。

「会長・副会長研修会」や「母親代表者研修会」「広報紙研修会」等、研修に力を入れ、学ぶ場づくりを開催してまいりました。

また、研修会のたびに、「大人が大人に読む絵本」と題し、「絵本の読み聞かせ」からスタート致しました。

これは、今年で○年目になります、〝新〟家庭教育宣言事業で、県Ｐも単Ｐの皆様と共に宣言し、実践してまいりました。

今年度も、１００％の学校が宣言していただき、家庭教育の重要性をＰＴＡがしっかり受け止めて頂きたいと願っております。

また、近年、ＰＴＡの必要性に対し、様々なご意見があります。

私のPTA参加のきっかけは、昔、教員でしたので、「ただただ、先生方の手助けができれば」という思いからでした。先生方が志を持ち、念願の職場で生き生きと子ども達に関わっていただき、「やっぱり、教師になって良かった」と思える場づくりをと考えておりました。

ここにお集まりの皆さんの「PTAへのきっかけ」はどうだったでしょうか？

それぞれの思いで、それぞれの信念で、それぞれの工夫で、活動は変わっていき、人が集い、思いがつながっていく。どうぞ、ひとときの子育て仲間と共に、楽しく活動をお願いいたします。

「面倒だからこそ、関わる価値がある。」「面倒なことは、しよう。」です。「一番恐ろしいのは、関わろうとさえしないこと」です。関わることにこだわって、頂きたいと願います。

本日は、雨の中、県総会にご参加頂きました、皆様に、県Pの事業をご理解して頂き、「単Pに近い県P」でありますことを願いましてご挨拶とさせていただきます。

それでは、本日の定期総会、よろしくお願いいたします。

1-2
総会、記念式典での挨拶

○○小学校　創立○○周年　記念式典実行委員長挨拶

＊おごそかな雰囲気で＊

　本日は、○○小学校が創立○○周年を迎えられ、皆様と共にこの歴史の1ページをお祝いできますことを大変嬉しく思います。

　○○市、及び○○市教育委員会関係各位の皆様、また、いつも熱心にご指導して頂いております先生方、温かく見守って頂いている自治会地域の皆様、そして熱心なPTAの方々の、たくさんのご臨席を賜り誠に有難うございます。

　○○小学校は、明治○○年に創立以来、○○の古き良き伝統の中で、育まれ、多くの皆様の思い出の学校として存在しております。私を含め、祖父母、両親、兄弟、また、今は我が子の母校となるまで、この○○小学校が皆様の「ふるさと」となっているご家庭もいらっしゃると思います。先ほどの6年生による合唱のように、「忘れがたきふるさと」です。

　思い出は、小学校への通学路の風景、友達と遊んだこと、様々な学校の行事など、記憶とともにいつまでも残っております。

　今は、コミュニティスクールとして、地域で支え、共に学び、地域が集う場となっております。

　私達大人の役目は、子ども達を一人前の社会人にすることだと思います。そのために私達大人がすべきこと、それは、私達が社会人として自己を磨き更に成長し続けることです。友達を大切にし、また自分をも大切にし、友と力を合わせること。そういう姿を子ども達に見せていくことがポイントです。

　大人が楽しく活動する姿を示すことにより、子ども達は将来の希望を持ち、夢を描き、大人への憧れや未来の姿を想像していくものです。「夢と希望を持ち続ける　○○○っ子」を育んでいくよう、これからも、○○小学校に変わらぬご理解ご協力を、心よりお願い致します。

　最後になりましたが、創立○○周年記念に際し、コミュニティスクールとしての授業参観、たくさんの思いを込めた式典・祝賀会の準備、コミュニティを見つめたシンポジウム。また今日皆様にお配りしました、心のこもった記念誌とパネル展示、感謝を込めたクリアファイルと箸置き、そして、後ほど見ていただく〇〇小学校の歴史を振り返った自慢のＤＶＤ制作。

惜しまないご協力を注ぐ、実行委員会の皆様が正しく〇〇小学校の人材という宝です。

本当にありがとうございました。

心より御礼を申し上げ、私からの挨拶とさせていただきます。

本日は誠にありがとうございます。

平成〇〇年　〇〇月　〇日

〇〇周年実行委員長　〇〇　〇〇

1-3
その他の挨拶

子ども会での挨拶①

＊明るくハキハキと＊

子ども会会員の保護者の皆さま、日頃より○○小学校ＰＴＡの活動にご理解、ご支援をいただき大変ありがとうございます。

私は今年度○○小学校ＰＴＡ会長を務めます、○○○○と申します。

子ども会の皆さまにおかれましては、地域の子ども達は地域全体で育てる、ということと、異なった年齢の交流や遊び体験の活動を主体とされていることと思います。子どもの成長を考えると、同じ学年の友達だけではなく学年を超えた上級生と下級生のつながりを作ることはとても大切なことと思います。

最近は地域同士の家庭のつながりが薄れがちだと言われています。私たち○○小学校ＰＴＡも子ども会の皆さんと協力をしながら、子どもたちのよりよい環境づくりに努めてまいりたいと考えています。

今後ともご指導、ご協力をよろしくお願いいたします。

1-3
その他の挨拶

子ども会での挨拶②

＊明るくハキハキと＊

○○子ども会会員の保護者の皆さま、日頃より○○小学校ＰＴＡの活動にご理解、ご支援をいただき大変ありがとうございます。

私は今年度○○小学校ＰＴＡ会長を務めます、○○○○と申します。

子ども会は同じクラスの友達と過ごす学校とは違い、１年生から６年生までのたてのつながりができます。

上級生は下の学年の子をお世話することで、責任感や思いやりの心ができます。

下級生は上の子と接することで、身近に目標となるお兄さんお姉さんができると思います。

子どもたちが少ない今の時代だからこそ、子ども会でたてのつながりが出来るのは大切なことだと思います。

ＰＴＡは子どもたちの学校環境をよりよくしていくことが主になり、活動は学校の関係が多くはなりますが、子ども会の皆さんと協力できることは積極的に行っていきたいと考えていますので、今後ともよろしくお願いいたします。

1-3
その他の挨拶

小学校向け　敬老会挨拶（老人会挨拶、感謝の会挨拶）

＊明るくゆっくりと＊

今ほどご紹介いただきました〇〇小学校ＰＴＡ会長の△△でございます。

本日はご健勝にて敬老の日をお迎えになられた皆様、まことにおめでとうございます。先ほどから皆様の様子を拝見しておりまして、とても若々しく、いきいきとしておられることに驚いています。生きがいを持って、充実した日々を過ごしておられるからだとお見受けしました。

さてこの場をお借りして、皆様にお礼を申し上げたいと存じます。皆様には日頃から「スクールサポート隊」として、子どもたちの通学の安全を見守っていただいております。皆様のおかげで安全に登下校できるばかりでなく、挨拶などの正しいマナーや交通安全のルールを身につけることができます。誠にありがとうございます。

また時にはゲストティーチャーとして、子どもたちの前に立ち、長い人生経験で身につけられた大切な知恵を子どもたちに授けてくださっておられるともお聞きしています。このこともたいへんありがたく、感謝しているところでございます。

「子どもは家庭で育ち、学校で学び、地域で成長する」という言葉があります。まさに皆様方のように、地域で支えてくださる方がいてこそ、子どもたちは健やかに成長することができます。

今後ともお元気で、〇〇小学校の子どもたちのために、お力添えを賜りますことをお願いしましてわたくしのご挨拶とさせていただきます。

1-3
その他の挨拶

中学校向け 敬老会挨拶（老人会挨拶、感謝の会挨拶）

＊誠実に＊

今ほどご紹介いただきました○○中学校PTA会長の△△でございます。

本日、敬老の日をお迎えになられた皆様、まことにおめでとうございます。先ほどから皆様の様子を拝見しておりまして、とても若々しく、いきいきとしておられることに驚いています。生きがいを持って、充実した日々を過ごしておられるからだとお見受けしました。

さてこの場をお借りして、皆様にお礼を申し上げたいと存じます。皆様には日頃から地域の目で、生徒の様子を見守っていただいております。皆様のおかげで地元の歴史を学ぶことや、地元を愛する礎が生まれていると感じます。誠にありがとうございます。

また本校のクラブ活動の折には、お茶、お花など伝統文化などの指導にご尽力をいただいております。昨年の文化祭にも皆様のお力をお借りして、地域の伝承芸能である「□□踊り」の発表をしたところ、大きな反響を得ました。ひとえに皆様方のお力があったからこそと、感謝の気持ちでいっぱいでございます。

「子どもは家庭で育ち、学校で学び、地域で成長する」という言葉があります。まさに皆様方のように、地域で支えてくださる方がいてこそ、子どもたちは健やかに成長することができます。

今後ともお元気で、○○中学校の生徒たちのために、お力添えを賜りますことをお願いしまして わたくしのご挨拶とさせていただきます。

1-3
その他の挨拶

他団体での挨拶①（青少年健全育成団体）

＊誠実に＊

本日ご出席の皆様におかれましては、日頃、子どもたちの安全安心のためにご尽力をいただき誠にありがとうございます。

小学校、中学校ともに児童生徒たちは毎日元気に学校生活を送っておりますが、これも地域の皆様のおかげと存じております。

さて、子どもたちが事件事故に巻き込まれるケースが新聞テレビで報道をされておりますが、先日は残念ながらお隣の○○地区で殺人事件が起きてしまいました。

一時は犯人が○○地区にも逃げ込む可能性があるということで緊張をいたしましたが、幸いにも先生方の迅速な対応により、当日は子どもたちを安全に保護者に引き渡すことができました。

これには、小学校で今年度から導入したメール連絡網システムが威力を発揮し、情報伝達がスムーズにいきました。

小学校は今年○周年という節目の年を迎え、○月○日に記念式典を予定しています。先ごろ行われた大運動会では、１期の卒業生と６年生が聖火に点火して大いに盛り上がりました。

また、○○県ＰＴＡ連合会のＰＴＡ広報紙コンクールでは、本校の広報紙「○○」がトップで入賞し、全国コンクールに県代表として推せんされたほか、本校ＰＴＡが文部科学大臣賞の推挙をうけるなど、正に○周年にふさわしい年となりそうです。

地域のみなさまにおかれましては、どうぞ今後とも地域の青少年の健全育成のためにお力をお貸しいただきますようお願い申し上げますとともに、きょうご参会の皆様のご健勝を祈念いたしまして、簡単ではございますが開会の挨拶といたします。

本日は、どうぞ宜しくお願いいたします。

1-3
その他の挨拶

他団体での挨拶②（青少年健全育成団体）

＊誠実に＊

本日ご出席の皆様におかれましては、日頃、子どもたちの安全安心のためにご尽力をいただき誠にありがとうございます。

小学校、中学校ともに児童生徒たちは毎日元気に学校生活を送っておりますが、これも地域の皆様のおかげと存じております。

さて、３月11日の東日本大震災では、児童生徒の安全確保のために地域の皆様にも献身的なご協力をいただき心から感謝申し上げます。今も、太平洋側の被災地では、大変な思いをしている子どもたちが多くおります。○○地区にも福島県から避難され、通学している児童もおりますし、今後も地域の安全とともに、被災地への協力も忘れてはならないと思います。

きょうは、児童生徒のことのみならず、地域全体のことについても様々な情報をいただき、万一のときでも、的確に行動ができるよう各団体が協力体制を整えるということでも、意味のある会であると思いますので、忌憚のないご意見などをいただければと思います。

地域のみなさまにおかれましては、どうぞ今後とも地域の青少年の健全育成のためにお力をお貸しいただきますようお願い申し上げますとともに、今日ご参会の皆様のご健勝を祈念いたしまして、簡単ではございますが開会の挨拶といたします。

本日は、どうぞ宜しくお願いいたします。

1-3
その他の挨拶

中学校体育大会　来賓挨拶

＊元気はつらつと＊

おはようございます。

本日は、天候に恵まれ第○○回（平成○○年度）○○中学校体育大会が開催されますことを心からお喜び申し上げます。

三年生の皆さん、今日は中学校生活最後の体育大会となりましたね。記憶にも記録にも残る大会となるよう全力を出し切ってください。真剣に競技し応援する姿は後輩の目にしっかりと焼き付き、これからも○○中学校の伝統を受け継いでくれるでしょう。

二年生の皆さんは、昨年より成長したチームワークと、三年生に追いつき追い越す勢いで、一年生の手本となるよう元気いっぱい頑張ってください。

一年生の皆さんにとっては、小学校での運動会とは異なる初めての「体育大会」に少し緊張もあるかもしれませんが、先輩の競技や応援の様子をしっかり見ながら、みんなの力を結集した楽しい体育大会となることを期待しています。

保護者の皆様、お子様の体育大会に早朝より参観頂きありがとうございます。

それぞれの競技種目で精一杯頑張っている子どもたちの成長した姿をご覧頂き、暖かいご声援をお願い致します。

最後になりましたが、校長先生はじめ教職員の先生方に、日々の感謝とお礼を申し上げお祝いのご挨拶と致します。

怪我の無いよう頑張ってください。

他に近隣住民への配慮の言葉を述べます。

1-3
その他の挨拶

運動会挨拶（小学校）①

＊元気はつらつと＊

みなさん、おはようございます。

今日はみなさんが楽しみにしていた運動会です。今まで一生懸命に練習してきた成果をご家族の方々、地域の方々に見てもらいましょう。

運動会の種目の中には、個人で争う個人競技がありますが、もう一つ、団体競技というものがあります。この団体競技では、決められたルールをみんなが守り、そしてみんなが協力してはじめて大きな力が出ます。これは運動会のみならず、みなさんの生活の中でも大切なことだと思っています。ルールを守ってみんなで協力しやり遂げることは、とても気持ちのよいことです。今日の運動会でも、みんなの元気いっぱいでの気持ちの良い笑顔を見せてください。

そして本日はご多用の中、○○小学校の運動会にお越しいただきましたご家族の皆様、そして地域の皆様、本日は誠にありがとうございます。子ども達の元気いっぱいの競技に対し、心温まるご声援をよろしくお願い申し上げます。

最後になりましたが、本日のこの運動会を迎えるにあたり、日々の準備や、児童への熱心な指導をしていただいた○○校長先生をはじめとする先生方に対しまして、保護者を代表いたしまして、この場を借りてお礼を申し上げます。

大変ありがとうございました。

それでは、今日、この運動会がみなさんの楽しい思い出になりますよう、そして本日お集まりいただきました方々全員がご協力いただくことをお願い申し上げ、PTA会長の挨拶とさせていただきます。本日はよろしくお願いいたします。


他に近隣住民への配慮の言葉を述べます。

1-3
その他の挨拶

運動会挨拶（小学校）②

＊元気はつらつと＊

みなさん、おはようございます。

今日は今まで頑張って練習してきた成果を家族の方々、地域の方々に見てもらう日です。

運動会の種目の中には、勝敗を決める競技があります。勝つ人もいれば、負ける人もいます。運動が好きな子もいれば、苦手な子もいると思います。でも大切なのは最後まであきらめずに、全力を出して正々堂々戦うことだと思います。そうすればきっと素晴らしい達成感、満足感が得られるでしょう。みなさんには最後まで一生懸命、競技や演技をしてくれることを期待しています。

ご来賓の皆さま、保護者の皆さま、本日はご多用のところご来場くださいましてありがとうございます。また日頃は本校ＰＴＡ活動にご協力をいただき、重ねてお礼を申し上げます。本日は１日、子ども達と一緒にマナーを守りながら声援を送ってあげてください。

最後になりましたが、この日のために熱心なご指導と準備をいただきました先生方に心よりお礼を申し上げ、挨拶といたします。

他に近隣住民への配慮の言葉を述べます。

1-3
その他の挨拶

運動会挨拶（中学校）

＊元気はつらつと＊

おはようございます。本日はお忙しい中、また朝早くからご来賓の方々を始め多くの保護者の皆様にご来場いただきまして、誠にありがとうございます。ＰＴＡを代表いたしまして、ご挨拶申し上げます。

○○校長先生を始め諸先生方には、子ども達のために、この体育祭は元より学校教育・部活動と日頃から熱心なるご指導をいただき、この場をお借りいたしまして改めてお礼申し上げます。また保護者の皆様におかれましては、先日行われた○○を始め、数多くのＰＴＡ活動にご理解・ご協力をいただき深く感謝いたします。

さて、今年度の体育祭は正面に掲げてありますす様に「届けよう！僕らの○○中魂」という素晴らしいスローガンの下、先生方と一緒になって準備や練習を積み重ねてきたことと思います。

スポーツも物造りも、もともと日本人は一人ひとりが素晴らしい技量を持っていると言われていますが、それがチームや組織になると予想以上の大きな力を発揮します。この力は、それぞれがチームのために協力し、助け合いの精神が大きく生み出すものではないでしょうか。

今日の体育祭も、クラスの仲間みんなのために、また仲間は一人のために、スローガンの様に「みんなの熱き○○中魂」の感動が、私達に伝わることを期待しています。そしてそれらを、これからの学校生活に活かしてください。

１年生は運動会に代わっての初めての体育祭、２年生は中堅クラスとして、３年生は中学校生活最後の体育祭です。それぞれに悔いの無い様、良い思い出を作っていただくよう願いを込めまして、挨拶に代えさせていただきます。本日はよろしくお願いいたします。

他に近隣住民への配慮の言葉を述べます。

1-4
司会原稿

小学校保護者研修会　司会原稿

＊誠実に＊

まもなく　○○小学校研修会を開催いたします。
お手持ちの携帯電話の電源をお切りになるか、マナーモードにご変更願います。

14：00
みなさま、本日はお忙しい中をお集まりいただきまして、ありがとうございます。
これより、平成○○年度　○○小学校ＰＴＡ研修会を開催いたします。

本日、司会を務めさせていただくのは、わたくし　○○小学校ＰＴＡ副会長　○○と申します。
どうぞよろしくお願いいたします。

それでは、まず初めに
主催者である○○小学校ＰＴＡ会長　○○　○○（よみがな）より　皆さまへご挨拶申し上げます。
○○様、よろしくお願いいたします。

ありがとうございました。

続きまして
〇〇小学校　〇〇校長先生より　ご挨拶をいただきます。
校長先生　よろしくお願いいたします。

ありがとうございました。

では、講演に移らせていただきます。

ご講演いただくのは、（　講師の先生の肩書き　）の　〇〇先生で、
本日は「〇〇　〇〇　〇〇」をテーマにお話いただきます。

はじめに　〇〇先生のご紹介をさせていただきます。
〇〇先生は、都立〇〇病院や　都立〇〇保健福祉センターにご勤務されたのち、財団法人〇〇研究
所や〇〇学会　評議員などを歴任されました。
そして現在は　〇〇〇〇　代表のほか、〇〇研究所所長も務めていらっしゃいます。
ご専門は、（講師の専門分野）で、多くの著書も執筆されています。
では、〇〇先生　どうぞよろしくお願いいたします。

講演　おわり

では、質疑応答に移ります
ご質問のある方は、挙手をお願いいたします。

→　挙手あれば…（ワイヤレスマイクで話してもらう）

↓　挙手なければ…（司会者から質問をする。）

＜質問を2、3は受付ける。時間になったら切り上げる＞

まだまだ先生にお伺いしたいことがたくさんあるかと思いますが、時間になりましたので、これで講演を終了したいと思います。

「大変有意義な講演をありがとうございました。」

16：25ごろ

それでは最後に　感謝の気持ちを込めて　○○小学校PTAより花束を贈呈したいと思います。

○○さん　お願いします。

○○先生　ありがとうございました。

大変名残惜しいところではありますが　そろそろ時間となりました。

拍手で　○○先生をお送りしましょう。

先生　退場（↓　会議室へ会長が案内する）

（〇〇先生が会場を出たら）

以上をもちまして

平成〇〇年度　〇〇小学校ＰＴＡ研修会を終了いたします。

なお、受付でお渡ししました　アンケートへのご協力をお願いいたします。

簡単で構いませんので、ご記入の上、お帰りの際にアリーナの出口にてお渡しください。

お忘れもののないように　お気をつけてお帰りください。

本日は、ご参加を頂きまして誠にありがとうございました。

1-4
司会原稿

分科会　司会原稿

時間	会次第	司会・進行内容
13：20 13：27	前告知1 前告知2	※緞帳はダウン状態 ※講師の先生方ステージ上に分科会ナンバー順に着席 ご来場の皆様にご案内致します。 お席は、どうぞ前の方よりおかけください。 また、開会に先立ちまして、携帯電話は マナーモードに設定するか、電源をお切りくださいますようご協力お願いいたします。 間もなく、開会いたします。開会に先立ちまして、携帯電話は マナーモードに設定するか、電源をお切りくださいますよう ご協力お願いいたします。 ※場外の参加者を会場内に誘導する。
13：30 ↓ 14：10	開会のことば （　　　）	皆様、こんにちは。 定刻となりましたので、ただ今より開会行事を始めさせていただきます。 本日の会○○研修会の進行を務めます、○○（※役職）の（　　　）と申します。 最後までどうぞよろしくお願い致します。 本日は、研修会の様子を写真撮影し、○○新聞やホームページ、Facebookに掲載をいたしますのでご了承ください。 さて、皆様のご来場を歓迎しましてこれより○○（アトラクション）を行います。※アトラクションの説明を行うタイトルは『○○』です。 （読み聞かせ）（パワーポイントを使用）

	主催者挨拶 （　　）	それでは開会のことばを、○○（※役職）の（　　）が申し上げます。 —（開会のことば）— 本日は お忙しい中 ご参加いただきまして、ありがとうございます。只今より、平成○○年度○○○（※主催組織）○○研修会を開催いたします。 最後までよろしく御願い致します。
	講師紹介 （　　）	続きまして、主催者挨拶です。 まずはじめに、○○（※主催団体）を代表いたしまして　会長（　　）より、ご挨拶申し上げます。 —（挨拶）— 次に、○○○委員会○○委員長（　　）より、ご挨拶申し上げます。 （※必要に応じて適宜追加） —（挨拶）—
	諸注意	それでは本日の研修会の講師を務めていただきます先生方のご紹介を研修委員の（　　）がいたします。 （パワーポイントを使用して説明）
		それでは只今より、10分間の移動と休憩といたします。14時20分より、各分科会を行いますのでそれぞれの会場への移動をお願いいたします。 分科会会場は、資料1ページと2ページをご確認ください。 なお、第○分科会○○先生の会場は、こちらの大ホールですので、お席は前の方へ移動をお願いします。

2 各種案内等フォーマット

各種案内　組み立てのポイント

PTAの会議について

　PTAに参加するようになると多くの会議に出席する機会が増えてきます。そこで基本的な会議での発言や考え方をまとめましたので参考にしてください。

①会議の種類

　会議と言っても様々な会議があります。

例えば単位PTAであれば

総会、運営会議、役員会議、委員会ごとの会議、お祭りの会議　等

郡区市町村のPTAでも、

総会、理事会、役員会、等

都道府県のPTAでも会議があります。

その他にも学校運営委員会や学校保健委員会の会議、会長になると参加を要請される、行政の会議、教育関係団体の会議など多くの会議があります。

②会議の招集方法

　それぞれの会議の招集方法は、手紙、FAX、メール等がありますが総会などでは、出欠の案内のはがきに欠席の場合の委任状が合わせて記載されているものがあります。欠席の場合には必ず、委任状に署名、捺印をして期日までに返信することがルールになっています。

　開催の日時については、できれば年間の会議予定を総会時に提示することが良いと思いますが、緊急の会議や参加者を出来るだけ多く募りたい会議の場合は、参加者にいくつかの日程の候補日を出してもらい開催日を決定する方法もあります。

　できれば会議の内容や議案、考えてきてもらいたいことも合わせて通知することで

会議をスムーズに進行出来ます。

③ 会議の進め方、発言について

定款や規則に進行方法が記載されている場合は、それらに沿って進めてください。特に決まりのない場合については、はじめに議長を決めます。続いてテーマ、議題を提案し意見をもらいます。そこで意見が出ない場合や多くの意見がほしい場合には参加者に紙にかいてもらったり、ディスカッションをしながら意見を集めてもよいと思います。意見が出尽くしたところで議長より裁決をとってもらい多数決（もしくは３分の２以上の賛成など）で決まります。

一度裁決をし、決定したものに対して、反対するような発言はできません。

（一事不再議の原則　会議体における原則の一つであり、会議体において一度議決・決定した事柄については、同一会議中または会期中には、再度審議することはできないとする原則を意味する。）

また、反対意見のある場合には、反対の理由を話したのち、代案も提示してください。前向きで建設的な議論になることを参加者全員が意識しながら進める事が大切です。

④ 単位PTA以外の会議に参加した場合の発言

単位ＰＴＡの会長や役員になると郡区市町村、都道府県、教育団体などの会議に参加する機会があります。

そこでの発言は、個人的な発言なのかＰＴＡを代表した発言なのかを考えながら意見を述べてください。また、ＰＴＡは政治的な中立、特定の宗教に偏らない団体であることから、発言には注意が必要です。

⑤ 楽しい会議の方法

会議の会場は飲み物やお菓子なども用意して明るく和やかな雰囲気で開催するとたくさんの良い意見が出ます。少数の意見や発言が得意ではない方の意見もうまく引き出し前向きで楽しい会議になることを願っています。（行政の会議では難しいかもしれませんが…）

・最初にアイスブレイク（自己紹介、近況報告、好きな〇〇等）１分程度
・付箋紙を活用したくさんの意見を書いてもらおう！
・飲み物お菓子をだして、楽しい雰囲気づくり！
・ホワイトボードを使って意見をまとめる！

※校長名・会長名で出す正式な文書には、年度を通した文書番号をつけましょう

（　文書番号　）
平成○○年○月○日

※配布対象、複数の場合は「各位」をつけます

ＰＴＡ実行委員各位

※発信者が誰か明確にしましょう

○○○立○○小学校
校　　　長　○○　○○
ＰＴＡ会長　○○　○○

※お名前や漢字を間違えないように細心の注意を払いましょう

※この案内の内容を標題にします

ＰＴＡ実行委員会のお知らせ

※まずは時候の挨拶から

陽春の候、皆様にはますますご清祥のこととお喜び申し上げます。

さて、下記のとおり第１回ＰＴＡ実行委員会を開催いたします。お忙しいとは存じますが、ご出席くださいますようお願いいたします。

※この文書の目的を明確かつ簡潔にまとめましょう。

記

※日時はより詳細に記載しましょう

１）日　時　　○月○日（○）　午後○：○○～（時間厳守）

２）場　所　　ランチルーム（５階）

※場所も明確に、場合によっては地図も掲載しましょう

３）議　題　　１．各委員自己紹介
　　　　　　　２．実行委員会からの指名委員選出について
　　　　　　　３．PTA 行事の年間スケジュール（予定）について
　　　　　　　４．総会及び歓送迎会について
　　　　　　　５．その他

※参加者へ議題を事前に伝えることで、会の進行をスムーズにします

以　上

※これらの案内は、保険適用の根拠になりますので、しっかりとした体裁で作成されるのが望まれます。

（　文書番号　）
平成○○年○月○日

ＰＴＡ会員各位

○○○立○○小学校
校　　長　○○　○○
ＰＴＡ会長　○○　○○

ＰＴＡ年度はじめ総会のお知らせ

春暖の侯、会員の皆様には益々ご健勝のこととお慶び申し上げます。
さて、平成○年度の年度初め総会を下記のとおり開催いたします。ご多用中とは存じますが、万障お繰り合わせの上ご出席下さいますようお願い申し上げます。

記

１）日　　時　　○月○日（○）午後○時○○分～（時間厳守）
２）会　　場　　○○小学校　ランチルーム　（５階）
３）議　　題　　１．新会員に関する報告
　　　　　　　　２．本年度事業活動案および予算案
　　　　　　　　３．その他

なお、当日出席できない場合、下記の**委任状に記名、捺印**の上、○月○日（○）までに学級担任の先生にご提出下さい。
（児童が２名以上いる会員の方は、下の子の学級で１家庭１枚ご提出下さい。）

きりとり線

委　任　状

ＰＴＡ会長　宛

私は、ＰＴＡ会長　○○　○○（もしくは、ＰＴＡ会長代行）を代理人と定め、年度初め総会における議決についてすべて委任いたします。

平成○○年　　月　　日

年　　　組　　　番　児童名

保護者名　　　　　　　　　　印

※　印の無いものは無効となります。
※　学級担任の先生は、副校長先生にお渡し下さい。

平成○○年○月○○日

ＰＴＡ会員　様

○○小学校ＰＴＡ会長　　○○　○○

○○小学校ＰＴＡ総会開催について（ご案内）

陽春の候、会員の皆様にはますますご健勝のこととお慶び申し上げます。

さて、平成○○年度ＰＴＡ総会を下記の通り開催いたしますので、お忙しい折とは存じますが、ご出席くださいますようご案内申し上げます。

つきましては、お手数ですが、下記「出席票」または「委任状」のどちらかを、○月○○日(○)までに担任の先生を通じてご提出ください。

なお、この用紙は全児童に配布いたしましたが、在籍児童が二人以上のご家庭は、上のお子さまの学年でご提出ください。また、新理事の方は該当学年でご提出くださいますようお願いいたします。その際、在籍児童氏名をすべてご記入ください。

記

1　日　　時　　平成○○年○月○○日（○）　　○○時より

2　会　　場　　○○小学校　　○○○

3　そ　の　他　　○「平成○○年度ＰＴＡ総会資料」をお持ちください。
※配布は○月の予定です。
○ 駐輪は体育館側にお願いいたします。
○ 体育館正面玄関よりお入りください。
○ 車でのご来校はご遠慮ください。
○ スリッパをお持ちください。

きりとり線

(出席の場合)

出　席　票（兼　委　任　状）

私は、平成○○年度ＰＴＡ総会に出席します。

なお、本票提出後、都合により当日欠席する場合は、平成○○年度ＰＴＡ総会にかかわる一切の議決事項を議長に一任します。

平成○○年○月　　日

年　　組　児童氏名　　　　　年　　組　児童氏名

年　　組　児童氏名　　　　　保護者氏名　　　　　印

きりとり線

(欠席の場合)

委　　任　　状

私は、平成○○年度ＰＴＡ総会にかかわる一切の議決事項を議長に一任します。

平成○○年○月　　日

年　　組　児童氏名　　　　　年　　組　児童氏名

年　　組　児童氏名　　　　　保護者氏名　　　　　印

平成〇〇年〇月〇〇日

ＰＴＡ会員　様

〇〇小学校ＰＴＡ会長　〇〇　〇〇

〇〇小学校ＰＴＡ総会開催について（ご案内）

陽春の候、先生方にはますますご健勝のこととお慶び申し上げます。

さて、平成〇〇年度ＰＴＡ総会を下記の通り開催いたします。

つきましては、お忙しいとは存じますが、是非ご出席くださいますようご案内申し上げます。

記

１．日　　時　　平成〇〇年〇月〇〇日（〇）　午後〇時〇〇分より

２．会　　場　　〇〇小学校　　体育館

平成○○年度　○○中学校ＰＴＡ　総会開催要領

開始時間：○：○～○：○　於：体育館

総会資料配布—○月○日（○）に配布

印　　刷—○○部（ＰＴＡ・市Ｐ連・○○会・先生・その他）

集合時間—○月○日（○）○時（パン試食会のため）　※議長さん○時○分（ＰＴＡ室）

受　　付—受付整理は各学年委員の方にお願いする。　集合○時○分（ＰＴＡ室）

名　　簿—①総会成立の人数を把握する必要があるため、出席した保護者は児童名簿の長子のみ○印をする。

②委任状が出ている場合は事前に◎をつけて当日の出席とダブらないようにする。

＜学年委員会の方には、総会当日に説明＞

委任状—委任状の数はあらかじめ把握（赤ペンにて◎を記入）しておく。（前日まで）

＜進行＞

時間	式次第	発言&進行	内容と要領
14：40	総合司会	○○教務主幹 ○○書記	＜式次第に入る前の諸注意事項をアナウンスする。＞ 内容／携帯電話の電源ＯＦＦ 「総会に入る前に、定数を確認します。 委任状　　名　本日の出席者　　名 総会成立にあたって、ＰＴＡ規約第39条の規定により会員の2分の1以上の出席が確認されました。
14：41	1．開会の言葉	○○副会長	「ただ今より、平成○年度ＰＴＡ総会を開催いたします。」

14:42	2．会長挨拶	○○会長	「　　　」
14:44	3．来賓挨拶	○○教務主幹	本日は運営協議会の方々に来賓としてご臨席頂いています。代表として今年○年目を迎える○○パトロール活動にご尽力された、○○○○さんにご挨拶を賜ります。
14:45	4．議長選出	○○教務主幹	議長への立候補を会員に呼びかける。誰も立候補がいないことを確認して、議長を○○さんにお願いする。
14:46	5．議事 ①平成○年度PTA活動報告 第1号議案：PTA活動報告及び委員会報告	○○着席 ○○議長	**「こんにちは、今年も議長に御指名頂きました○○と申します。あいにく、いつもの美声がこのような声になり、大変お聞き苦しい状態になっております。しかし、議事は、スムーズに進行できますよう努めますので、御協力よろしくお願いいたします。」** ＜本部役員&各委員長に、平成○年度活動報告の主な内容を簡潔に報告するよう促す。＞ **「それでは、総会資料をご覧ください。」「議事次第に沿ってすすめさせて頂きます。」** **「尚、質疑に関しましては、決算報告のあとにまとめてお聞きします。」** **P2～3** **「では、第1号議案・平成○年度活動報告について本部から　○○副会長お願いいたします。」** **「ありがとうございました。」** **「続きまして、1学年委員会（　　　）さん、お願いします。」** **「2学年委員会（　　　）さん、お願いします。」** **「3学年委員会（　　　）さん、お願いします。」** **「環境整備委員会（　　　）さん、お願いします。」** **「研修教養委員会（　　　）さん、お願いします。」** **「広報委員会（　　　）さん、お願いします。」** **「保健厚生委員会（　　　）さん、お願いします。」** **「地区委員会（　　　）さん、お願いします。」** 本部（○副会長）・1学年・2学年・3学年・環境整備・研修教養・広報・保健厚生・地区の順
14:51	第2号議案：平成○年度会計決算報告	○○議長 ○○会計	＜本部役員に、会計決算についての主な内容を報告するよう促す。＞ **「ありがとうございました。」** **「では続いて、第2号議案・平成○年度会計決算報告並びに監査報告にうつります。」** **P4～7** **「会計の○○さんお願いいたします。」** プラス及びマイナス分の著しいものについて説明し、決算の小計と合計を読み上げて残額を次年度に繰り越すことを報告。

14:54　平成○年度 会計監査報告

○○議長

〈会計監査委員に、報告するよう促す。〉

「ありがとうございました。それでは、監査報告を会計監査の○○さんお願いいたします。」

○○監査委員

監査結果について報告

「ＰＴＡ規約　第13条に基づき、平成○年度　会計監査報告をいたします。昨年○月○日と本年○月○日の計2回にわたり、私　○○と○○さんとで、会計監査を行いました。監査にあたり、一般会計および特別会計の監査に必要な「出納帳」「領収書」ならびに「銀行口座明細」を確認・照合しました。よって、先ほどの会計報告に相違はありません。以上で、会計監査報告を終了いたします。」

14:57　採決

○○議長

〈ここで、平成○年度の年間活動及び会計決算の報告について、質問または意見のある方に挙手をお願いする。〉

※　なお、発言する方は、名前を述べて頂く。

※　質問・意見の回答は本部役員に促す。

マイク係
○○副会長

〈質問への本部の回答は各担当が発言〉

「ありがとうございました。では、これまでの第1号議案と第2号議案について御質問がある方は手を挙げてお知らせ下さい。」

A（2・3）秒ほど待って手が挙がらない時

「おられないようですので、承認へと移らせて頂きます。」

B　手が挙がった場合

「マイクを回しますので、学年と名前を先にお願いします。」

「只今質問頂いた件について、（　※　）お願いします。」

※ＰＴＡの活動については（○○副会長）へ

※ＰＴＡ会計は（○○さん）へ

「御質問頂いた方よろしいでしょうか?」（ＯＫ）

=質疑応答の終了後=

「以上の報告について、承認する方に拍手を促す」

「それでは、第1号議案・平成○年度ＰＴＡ活動報告について、承認される方は、拍手でお示し下さい。」

……「ありがとうございました。沢山の方々の拍手によりまして、第1号議案は承認されたものとみなします。」

「続きまして、第2号議案・平成○年度会計決算報告」について、承認される方は、拍手でお示し下さい。」

……「ありがとうございました。沢山の方々の拍手によりまして、第2号議案は承認されたものとみなします。」

			「賛成多数により承認されたことを宣言する」 【承認後、○年度の年間活動について、ねぎらいの言葉をかける】 「○年度各委員長さんはじめ委員の皆様、1年間委員会活動ご苦労様でした。また、会計監査の、○○さん・○○さん監査ありがとうございました。みなさん、各委員さん、会計監査の方々にお礼の拍手をお願いいします。」
15:00	（2）規約に関する件 第3号議案：PTA規約の改正（案）について	○○議長 ○○会長 ○○議長 マイク係 ○○副会長	「PTA規約の改正について」 内容（改正理由も併せて）簡潔に報告するように、○○会長に促す。 「次に、第3号議案・PTA規約改正案に関する件について　、○○会長お願いいいたします。」P8~15・差込 「PTA規約　第30・31・33条の規約内容について説明」 規約改正について、質問意見がないかどうか、会員に促す。 「ありがとうございました。」 「では、第3号議案についてご質問がある方は手を挙げてお知らせ下さい。」・・・ A（2・3）秒ほど待って手が挙がらない時 「おられないようですので、承認へと移らせて頂きます。」 B　手が挙がった場合 「マイクを回しますので、学年と名前を先にお願いします。」 「只今質問頂いた件について、（　※　）お願いします。」 「御質問頂いた方よろしいでしょうか？」（OK） 「それでは、承認へと移らせて頂きます。」 「では承認をとってまいります。第3号議案・PTA規約改正案に承認される方は拍手をお願いいいたします。」 「ありがとうございました。沢山の皆様の拍手によりまして承認されたものとみなします。」 「P8の（案）をお消しください。」

15：03	（3）平成○年度PTA役員に関する件	○○議長	＜選考委員長に対し、選考した役員及び会計監査委員の候補者について報告・紹介を促す。＞ ＜呼ばれた方を前に出るよう促す。＞ **「次に、第4号議案・平成○年度役員および会計監査委員の選考について、選考委員長の○○さんお願いいたします。」**
	第4号議案：平成○年度役員及び会計監査委員の承認について	選考委員長	＝報告者は前に出て、選考した役員候補の名前を読み上げ、選考理由を簡潔に述べる。＝
		新役員9名＋監査委員2名	＝呼ばれた者は前に並ぶ。＝ 一般席に向って左奥から並ぶ。（会長・副会長・副会長・副会長・書記・書記・会計・会計・地区委員長・監査・監査の順）
	新役員紹介及び挨拶	○○議長 新役員9名＋監査委員2名	**「それでは、今、ご紹介がありました○年度の本部役員並びに、会計監査委員の方々に承認される方は拍手をお願いします。」** **「たくさんの皆様の拍手によりまして、選考された方を役員として承認されたものとみなします。」**
		○○議長	**「P○の案をお消しください。」** 役員をそのまま前にとどめ、承認を拍手にて確認する。 **「賛成多数により承認されたことを宣言する」** ＜引き続き、自己紹介と簡単な挨拶を促す。＞ **「それでは、自己紹介と挨拶をお願いします。」**
		○○議長	全員：簡単な挨拶・抱負などを述べる。 新役員の挨拶が終わったら、選考委員の労をねぎらい、新役員を席に着かせる。 **「○年度新役員の皆様、一年間よろしくお願いいたします。また、選考委員の皆様、選考ご苦労様でした。** **そして、○年度の役員の皆様、1年から2年間の活動に感謝しております。本当にありがとうございました。では、新役員の皆様、お席にどうぞお座り下さい。」**
15：08	（4）平成○年度活動計画	○○議長	＜本部役員に、平成○年度活動計画の主な内容を簡潔に報告するよう促す。＞ 本部（○○副会長）
	第5号議案：平成○年度PTA活動計画（案）について	○○副会長	**「それでは、これより第5号議案・第6号議案を続けまして、質疑応答と承認へと進めさせて頂きます。** **第5号議案・平成○年度　活動計画案を、○○副会長お願いいたします。」**

15:11	第6号議案：平成〇年度予算（案）について	〇〇議長 〇〇会計	「次に、**第6号議案・平成〇年度PTA予算案に関する件について、会計の〇〇さんお願いいたします。**」 ＜本部役員に、予算案について、内容を簡潔に報告するよう促す。＞ ・〇年度予算案の説明をします。 **【収入について】**⇓ **【支出について】**⇓ 以上で平成〇年度の予算案の説明を終わります。
15:15	採決	〇〇議長 〇〇議長 教頭先生	＜ここで、平成〇年度の年間活動計画案及び予算案について、質問または意見のある方に挙手をお願いする。＞ ※ なお、発言する方は、名前を述べて頂く。 ※ 質問・意見の回答は本部役員に促す。 ＜質問に対する本部の回答は各担当が発言する。＞ ＝質疑応答の終了後＝ （以上の報告について、承認する方に拍手を促す。） （賛成多数により承認されたことを宣言する。） **「ありがとうございました。」** **「では、第5号議案から第6号議案までについてご質問がある方は手を挙げてお知らせ下さい。」・・・** **A （2・3）秒ほど待って手が挙がらない時** **「おられないようですので、承認へと移らせて頂きます。」** **B 手が挙がった場合** **「マイクを回しますので、学年と名前を先にお願いします。」** **「只今質問頂いた件について、（ ※ ）お願いします。** **※PTA活動計画案については（副会長）へ** **※予算承認は（本部会計）へ** **「御質問頂いた方よろしいでしょうか？」（OK）** **「それでは、承認へと移らせて頂きます。」** **「では承認をとってまいります。第5号議案・平成〇年度活動計画案に承認される方は拍手をお願いいたします。」** **「ありがとうございました。沢山の皆様の拍手によりまして承認されたものとみなします。」** **「P17・18・19の（案）をお消しください。」**

			「第６号議案・ＰＴＡ予算に関する件に承認される方は拍手お願いいたします。」 「ありがとうございました。沢山の皆様の拍手によりまして承認されたものとみなします。」 「Ｐ20・21の（案）をお消しください。」 《総会資料の（案）に二重線を入れてもらう》 （承認後、○年度の年間活動について、期待と励ましの言葉をかける） 「○年度の役員・委員会の皆様、充実し、かつ楽しく活動されますよう、宜しくお願いします。」
15：22	（5）その他 （質疑など）	○○議長	＜以上、採決を必要とする議事は終わりましたが、その他のことで、会員の方からの意見や質問がないかどうかを促す。＞ ※　会員に共通する意見や質問には応じるが、個人的な内容は退ける。 「以上を持ちまして、承認を必要とする議事は終わりましたが、その他で、何かございませんでしょうか。」
		○○退席	「以上をもちまして、平成○年度　○○中学校ＰＴＡ総会の議事を全て終了いたしました。皆様の御協力のもと、無事に議事進行ができました。○○中のＰＴＡが増々活性化されますよう、期待しております。みなさん、御協力ありがとうございました。」
15：24	6．議長退任	○○教務主幹	＜議長の任を解く。＞ 「○○さんには、滞りなく議事を進行して頂き、また承認及び決定の際の採決については、公正に議長の任を務めていただき、本当にありがとうございました。＜拍手＞　「以降の進行も引き続き○○が務めさせていただきます。」 引き続き7．8．9．10へと司会進行する。
15：26	7．感謝状贈呈	○○会長	退任の役員の名前を読み上げ、中央に移動して頂く。 ※　退任者へのコメントはご自身で考えておく。 「感謝の思いを退会記念品という形で贈呈させて頂きます。」の言葉で最後にしめくくる。 ＝退任者の挨拶を促す＝
		○○教務主幹	挨拶：退任者の挨拶 （旧）○○さん・○○さん・○○さん・○○さん

15:29	8. 旧役員挨拶	○○　さん他	挨拶：退任者の挨拶 (旧)○○さん・○○さん・○○さん・○○さん・○○さん
15:32	9. 学校長挨拶 並びに学校職員紹介	○○校長	職員紹介と連動しての挨拶
15:40	10. 閉会のことば	○○副会長	「以上で、平成○年度　PTA総会を閉会いたします。」

小学校のＰＴＡ活動案内（会員向け文書）

○○小学校ＰＴＡは保護者と教職員が協力して、未来を担う児童の望ましい成長発達への支援を行うことを目的に、日々活動しています。

【年間の主なＰＴＡ行事】

5月　年度初め総会
　　歓送迎会
6月　パレードへの参加
10月　キッズフェスティバル
11月　地域運動大会への参加
1月　小学校もちつき大会
　　ＰＴＡ新年会
3月　年度末総会

・実行委員会（今年度は7回開催）
・父親会主催　キックベースボール大会
※学校・地域行事の都合で変更する場合があります。

平成○○年度役員

会　長：○○○○（5年・3年）
副会長：○○○○（6年）
　　　　○○○○（6年）
　　　　○○○○（5年）
　　　　○○○○（5年・1年）
会　計：○○○○（6年）
　　　　○○○○（2年）
書　記：○○○○（5年）
　　　　○○○○（5年・4年）
会計監査：○○○○（5年・1年）
　　　　○○○○（4年・3年）

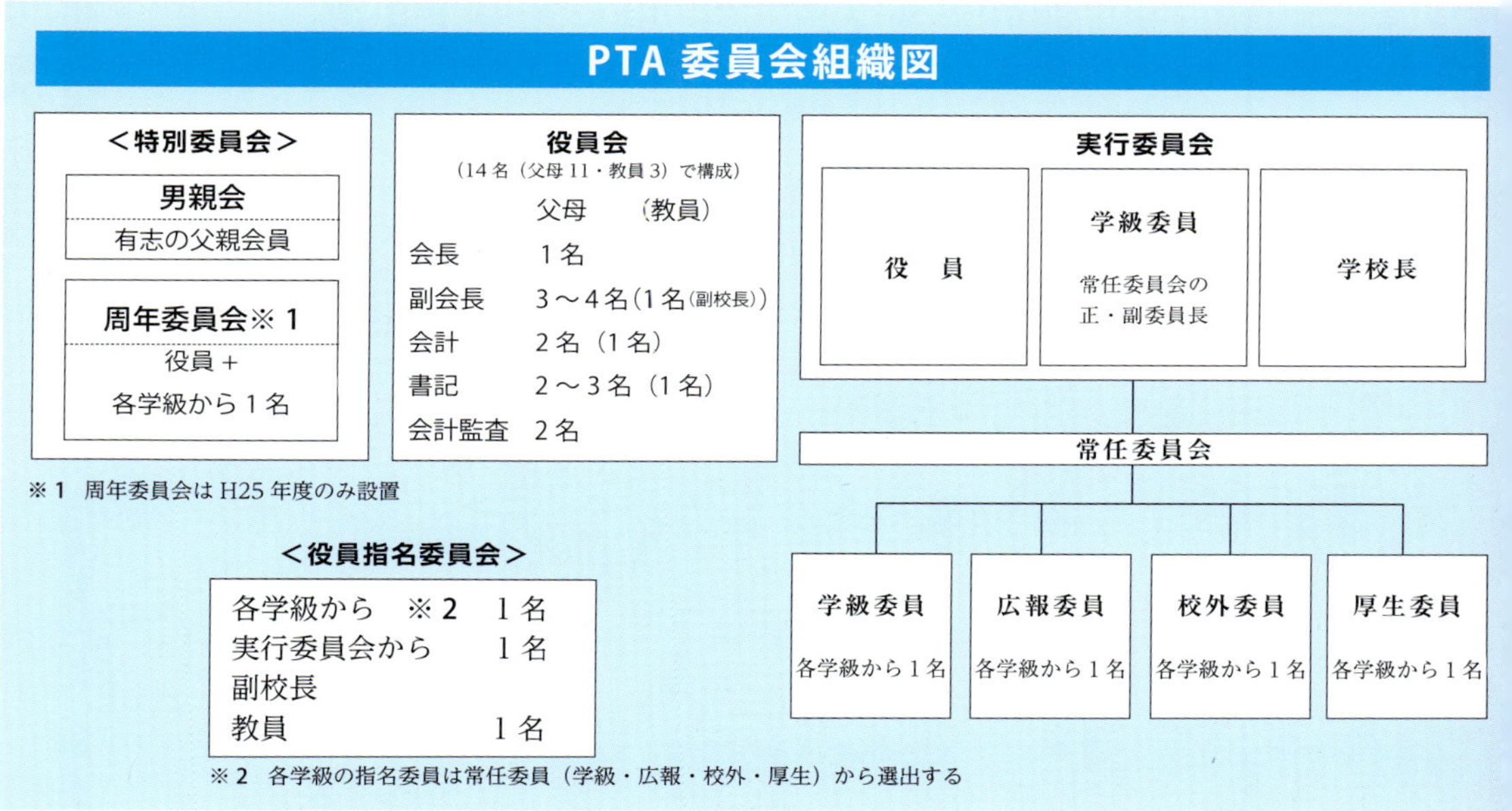

《学級委員》

クラスのまとめ役として、親子及び親同士の交流を目的とした学年活動の企画・運営をする他、校庭利用の企画・運営・管理、学校給食運営協議会への参加、講習会の企画・運営を行う。

《広報委員会》

PTA活動の広報を目的とした広報誌『○○○』の記事の取材・編集・印刷の手配を行う。

《校外委員会》

児童の校外生活の安全確保と健全育成の推進を目的として、自転車講習会、校外環境整備活動、リサイクル活動、安全パトロール連絡会への参加などの活動を行う。

《厚生委員会》

会員と児童の健康推進を目的として、ママさんバレーボール大会の応援とお手伝い、運動会のPTA参加種目の準備・運営、フッ化物洗口のお手伝い、講習会の企画・運営などの活動を行う。

《役員指名委員会》

次年度役員候補者の推薦を行う。

平成○年度　活動計画

平成○年

	学校／PTA関連行事	実行委員会等	役員会・他	内容・活動等	配布物
4月2日(火)			役員会	年間活動計画、常任委員担当決め、入学式配布物準備・当日担当決め	活動計画・第○回常任委員会について
4月8日(月)	入学式			来賓受付、接待、案内など	規約、内規、組織図、男親会案内、ママバレ案内、校庭利用について、自転車取付け用パウチ
4月15日(月)	保護者会（低学年）			1年生各学級で常任委員の説明	
4月20日(土)		第○回常任委員会 14：00～		自己紹介、各委員長・副委員長選出、年間活動計画、引継	各委員会名簿、年間活動計画記入用紙
4月20日(土)		第○回実行委員会 15：00～		自己紹介、総会及び歓送迎会について、実行委員会からの指名委員選出について、その他	
4月20日(土)		第○回指名委員会 16：30～		自己紹介、活動説明、指名委員長・副委員長選出	指名委員会名簿
4月20日(土)		第○回周年委員会		自己紹介、活動説明、※委員長・副委員長は会長・副会長が兼任	周年委員会名簿
4月20日(土)		ママさんバレー結成式16：00～		紹介、出席者から一言	ママさんバレーメンバー表
未定			顔合わせ会		
未定			役員会	予算案作成、年度初め総会について、歓送迎会について	PTA会計予算案関係資料、年度初め総会進行表、歓送迎会役割分担表
未定			歓送迎会受付・集金		
未定			歓送迎会買出し等		
5月17日(金)	PTA年度初め総会			活動計画案・予算案等承認、役員紹介	活動計画案、予算案、役員・常任委員・指名委員名簿
5月17日(金)	歓送迎会			準備（役員・学級）、来賓受付・案内、当日受付	
			（広報研修会）		
未定			役員会	歓送迎会反省、運動会役割分担、第○回実行委員会について、○○パレード役割分担	運動会役割分担案
6月2日(日)	運動会			来賓受付・接待、シルバー受付（校内パトロール（校外）、シルバー案内（学級））	
6月13日(木)		第○回実行委員会 19：00～		各委員会報告、歓送迎会の反省、運動会の感想、キッズフェスティバルについて、ママさんバレーボール春季大会について、他	活動費配布
未定			パレード全体会議	各担当ごとに打合せ	
6月22日(土)	ママさんバレーボール春季大会				
未定			役員会	キッズフェスティバル役割分担、第○回実行委員会について	キッズフェスティバル担当表スケジュール
6月29日(土)			パレード前日準備	受付、会場、広報	
6月30日(日)	○○パレード			受付、会場設営等手伝い	
7月1日(月)		第○回実行委員会 16：30～		各委員会報告、キッズフェスティバルについて、親善スポーツ大会について、他	
7月6日(土)	チャレサタ（6年）				
7月16日(火)			第○回キッズリーダー会議（15：30～）	キッズフェスティバル係決め、各担当ごとに打合せ	キッズリーダー名簿
未定			役員会	キッズフェスティバルについて、第○回実行委員会について、地域運動大会役割分担	
未定			キッズフェスティバル関係買出し		
9月3日(水)		第○回実行委員会 19：00～		各委員会報告、キッズフェスティバルについて、他	
9月4日(木)			第○回キッズリーダー会議（15：30～）	当日スケジュール確認、各担当ごとに準備	キッズリーダー名簿
9月7日(土)	チャレサタ（5年）				

9月7日(土)			キッズフェスティバル前日準備（午後）	道具準備、洗い物等	
9月8日(日)	キッズフェスティバル			詳細は別紙	
未定			役員会	第○回実行委員会について、キッズフェスティバル反省、地域運動会について、連合小学校運動会お手伝い、合宿通学手伝い他	キッズフェスティバル・キッズリーダー反省まとめ
10月2日(水)〜4日(金)	合宿通学			お茶会、調理、肝試し等のお手伝い	
10月5日(土)	チャレサタ（4年）				
10月9日(水)	連合運動会			自転車整理お手伝い	
10月14日(月・祝)	親善スポーツ大会（予定）			お弁当手配等	
10月18日(金)		第○回実行委員会 19：00〜		各委員会報告、キッズフェスティバルの反省、ママさんバレーボール大会について、周年行事について他	
10月19日(土)	ママさんバレーボール秋季大会				
未定			役員会	第○回実行委員会について、新年会、餅つき、周年行事関連他	
11月7日(木)		第○回実行委員会 19：00〜		各委員会報告、PTA新年会について、餅つき大会について、周年行事について、他	
11月9日(土)	チャレサタ（3年）				
11月9日(土)	地域運動大会前日準備			遊びコーナー準備、各担当ごとに配布物準備、会場設営手伝いなど	
11月10日(日)	地域運動大会			引率、遊びコーナー、集団ゲーム、受付、会場、接待他	
11月30日(土)	創立○周年記念式典				
未定			役員会	第○回実行委員会について、餅つき役割分担、新年会企画相談、どんとやろう大会反省、他	餅つきスケジュール表
12月7日(土)	チャレサタ（2年）				
12月12日(木)		第○回実行委員会 19：00〜		各委員会報告、PTA新年会について、餅つき大会について、他	
未定			第○回キッズリーダー会議（15：30〜）	餅つき係決め、各担当ごとに打合せ	キッズリーダー名簿
平成□年					
未定			役員会		
未定			餅つき関係買出し		餅つき分担等確認、新年会係分担、スケジュール等確認
未定			第○回キッズリーダー会議（15：30〜）	各担当ごとに打合せ・準備	キッズリーダー名簿
未定			新年会会費集金		
未定			新年会買出し		
1月18日(土)	チャレサタ（1年）				
1月18日(土)		第○回実行委員会 13：30〜		各委員会報告、新年会について、餅つき大会について、その他	
1月18日(土)			餅つき前日準備	米研ぎ、道具準備、洗い物等	
1月19日(日)	○○小餅つき大会			詳細は別紙	
1月24日(金)	PTA新年会			詳細は別紙	
未定			役員会	餅つき、新年会反省、第○回実行委員会について	
2月20日(木)		第○回実行委員会 19：00〜		各委員会報告と1年間の活動の感想等、餅つき、新年会反省、その他	活動報告フォーム配布 会計精算
未定			役員会	年度末総会について、卒業式役割分担	総会報告資料（案）、年度末総会進行表
3月13日(木)	PTA年度末総会			活動報告、決算報告、来年度役員体制について、その他	活動報告（案）、決算報告（案）、監査報告（案）、来年度役員体制（案）
3月24日(月)	卒業式			来賓受付・案内・接待	
未定			PTA送別会		

（　文書番号　）
平成○年○月○日

常任委員各位

○○○立○○小学校
校　　　長　○○　○○
ＰＴＡ会長　○○　○○

常任委員会のお知らせ

陽春の候、皆様におかれましてはますますご清祥のこととお喜び申し上げます。
さて、この度、平成○年度のＰＴＡ委員をお引き受けくださいましてありがとうございます。早速ではございますが、常任委員会を下記のとおり開催いたしますので、ご多用の折とは存じますが、ご出席くださいますようお願いいたします。

記

1）日　時　　○月○日（○）午後○：○○～（時間厳守）

2）場　所　　学級委員会　4階（6－1）
　　　　　　　広報委員会　4階（6－2）
　　　　　　　厚生委員会　4階（5－1）
　　　　　　　校外委員会　4階（5－2）

3）議　題　　1．各委員顔合せ（自己紹介）
　　　　　　　2．活動についての説明
　　　　　　　3．各委員会委員長、副委員長選出
　　　　　　　4．その他

※　当日欠席される場合は、学年、組、委員会名、御名前、欠席あるいは遅刻する旨、
　○○@○○.ne.jp（副会長：○○）までメールでご連絡ください。
　なお、その場合には、委員会で決定した事項に関し承認していただくことになります。ご了承ください。

（　文書番号　）
平成○○年○月○日

ＰＴＡ実行委員各位

○○○立○○小学校
校　　長　○○　○○
ＰＴＡ会長　○○　○○

ＰＴＡ実行委員会のお知らせ

陽春の候、皆様にはますますご清祥のこととお喜び申し上げます。
さて、下記のとおり第○回ＰＴＡ実行委員会を開催いたします。お忙しいとは存じますが、ご出席くださいますようお願いいたします。

記

１）日　時　　○月○日（○）　午後○：○○～　（時間厳守）

２）場　所　　ランチルーム（５階）

３）議　題　　１．各委員自己紹介

２．実行委員会からの指名委員選出について

３．PTA 行事の年間スケジュール（予定）について

４．総会及び歓送迎会について

５．その他

（　文書番号　）

平成○○年○月○日

指名委員各位

○○○立○○小学校
指名委員長　○○　○○

第○回指名委員会のお知らせ

寒くなってまいりましたが、皆様いかがお過ごしでしょうか。

下記のとおり第○回指名委員会を開催いたします。お忙しい中恐れ入りますが、ご出席くださいますようお願いいたします。

記

1）日　　時　　○月○日（○）午後○：○○～

2）場　　所　　会議室（２階）

※　当日までに、次期役員にふさわしいと思う候補者を一人につき１～２名（できれば２名）を選出しておいてください。

※　当日欠席される場合は、学年、組、委員会名、御名前、欠席あるいは遅刻する旨、
委員長○○（○○ @ ○○ .ne.jp）までメールで連絡してください。

なお、その場合には、委員会で決定した事項に関し承認していただくことになります。ご了承ください。

（　文書番号　）

平成〇〇年〇月〇日

ＰＴＡ会員各位

〇〇〇立〇〇小学校
校　　長　〇〇　〇〇
PTA 会長　〇〇　〇〇
学級委員長　〇〇　〇〇

ＰＴＡ講習会　フラワーアレンジメントのお知らせ

秋も一段と深くなってまいりました。会員の皆様におかれましては益々ご清栄のこととお喜び申し上げます。

さて、今年度の PTA 講習会は、フラワーアレンジメントの講師である〇〇〇〇さんをお招きし、季節の花やめずらしい花を用意して頂き、お手頃価格で皆さんに楽しんで頂こうと思っております。

ご多忙の事とは思いますが、多数のご参加をお待ちしております。

記

日　　時　〇月〇日（〇）　午後〇時～午後〇時〇分
受付開始　午後〇時〇〇分～
場　　所　ランチルーム　５F
材 料 費　〇〇〇円
持 ち 物　花バサミ（またはキッチンバサミ）
　　　　　スーパーの袋（作品お持ち帰り用）
　　　　　エプロン

※ 材料費は講習会当日に受付にて集金致します。
※ 当日キャンセルの方は、材料を事前に準備する為、費用を頂きますのでご了承下さい。
※ 申し込みされる方は、各クラスの担任の先生に〇月〇日（〇）までにご提出下さい。

きりとり線

講習会申込書

＊フラワーアレンジメント講習会に参加致します。

年　　組　　保護者名＿＿＿＿＿＿＿＿＿＿

④　会次第

1．開会の言葉
2．主催者挨拶　　○○小学校ＰＴＡ会長　○○　○○
3．校長挨拶　　○○小学校校長　　○○　○○　先生
4．講師紹介
5．講演
6．質疑応答
7．謝辞
8．閉会の言葉

2．地区別研修会参加者内訳

・○○立○○小学校　　　　○名
・○○立第二○○小学校　○名
・○○立第三○○小学校　○名
・○○立第四○○小学校　○名
・○○立第五○○小学校　○名
・○○立○○中学校　　　　○名

以上　合計　　○○名

3．研修内容報告

※講演会の概要を記載
※参加者の様子
※参加者からの質問内容
※反省点や次回への引継ぎ事項など記載

4．アンケート結果

Q1 講演会のご感想
※アンケート結果を記載

Q2 今後聞いてみたい内容、テーマなど
※アンケート結果を記載

ＰＴＡ保護者研修会報告書

日　時：平成〇〇年〇月〇日午後〇時〇〇分～〇時〇〇分
場　所：〇〇小学校　２Ｆ　アリーナ

報告書内容

１．概要

２．地区別研修会参加者内訳

３．研修内容報告

４．アンケート結果

５．添付資料
①案内ちらし
②当日配布資料
③アンケート

1. 概要

①　開催日時　平成〇年〇月〇日（〇）
　　受付開始　午後〇時～
　　講　　演　午後〇時〇〇分から午後〇時〇〇分

②　会場　　　〇〇小学校２Ｆ　アリーナ
　　※　当初５Ｆランチルームにて開催予定であったが、予想を超える事前申し込み数があったため、会場をアリーナに変更した。
　　※　同伴のお子さんの待機場所として、４Ｆ学校図書館を準備した。

③　講演タイトル　『〇〇　〇〇　〇〇』
　　講師　　〇〇　〇〇 氏（※講師肩書き）
　　【プロフィール】
　　　※講師プロフィールを記載する

（　文書番号　）
平成〇〇年〇月〇日

ＰＴＡ会員各位

〇〇〇立〇〇小学校
校　　長　〇〇　〇〇
PTA 会長　〇〇　〇〇

『継送電話について』のお願い

平素より〇〇小学校ＰＴＡ活動にご理解ご協力頂き心より感謝申し上げます。
標記の件につきまして、今後〇〇小学校職員室からは緊急を要する連絡事項が、またＰＴＡ活動にあたってはＰＴＡ実行委員会、学年・学級委員会より継送電話をお願いすることがあります。継送電話で連絡が来た際には下記を参考にご対応下さいますようお願い申し上げます。

記

1．発信が誰かを、始めに伝えて下さい。
（例）ＰＴＡ実行委員会からの継送電話です。
（例）２年ＰＴＡからの継送電話です。
2．必ずメモを取って次の方に伝えて下さい。
3．受けた方は、メモを必ず復唱して下さい。
4．不在の場合は、その次の方にまわして下さい。
＊お手数ですが、不在の方にもう一度電話をお願いいたします。
5．クラス連絡網の最後の方は、必ず列の委員に戻して下さい。
6．委員は、クラス連絡網の最後の方の継送電話の内容を必ず確認して下さい。
7．委員の方は、学級委員に戻して下さい。
―これで継送電話の完了です。―

※　**小学校からの継送電話は緊急時ですので、不在の方の氏名を列の委員に伝え、委員は学級委員に伝え、学級委員は不在の方に電話をかけて下さい。**

※　以上の件に配慮して迅速に継送電話をまわして下さい。

【不審電話に注意しましょう】
・児童の電話番号・住所など聞かれても、聞いた相手が誰であろうとも断って下さい。また、不審な電話があったことを学校へお知らせ下さい。

【お願い】
・いかなる理由であっても、保護者が個人的な理由で継送電話を使用しないで下さい。

平成○○年○月○日

保護者各位

○○○立○○小学校
PTA 会長　○○　○○

運動会参観のルールとマナー徹底にご協力ください

保護者の皆様には、益々ご健勝にてお過ごしのこととお慶び申し上げます。

さて、今年度も○月○日（○）に運動会が開催されます。会場が手狭であったり、参観ルールが不徹底であることで、毎年皆様には少なからずご不便をおかけして申し訳ありません。

今年も「チーム○○小」の一員として、皆様にご協力いただき、参観のルールとマナーの徹底や安全管理をしていきたいと考えています。PTA も一丸となって学校とともにより良い運動会になるよう努力しますので、保護者の皆様もご理解とご協力の程、何卒よろしくお願いいたします。

～参観のルールとマナー、これだけは～

1. 当日の電話での問い合わせはご遠慮ください。
2. 自転車では絶対に来ないでください。（駐輪場がありません。）
3. 参観席には学校でシートを敷きます。持参されたシートでの席取りはせず、お互いに譲り合って参観してください。 また折畳み椅子等の持ち込みもしないようにお願いいたします。
4. 日傘をひろげての参観は、ご遠慮ください。
5. 酒類は、絶対に持ち込まないでください。
6. 脚立・三脚等を用いての撮影はご遠慮ください。
7. 周囲の路上も含め、会場での喫煙はお控えください。
8. 昼食時前の校舎内への立ち入りはできません。午前の演技が終了した時点で「昼食にかかわる入館」についてご案内します。また昼食終了後は放送がありましたら速やかに退出いただきます様お願いいたします。
9. ゴミ等はお持ち帰りください。

社会のルールやマナーは、まず、大人がお手本を児童に示すことで教えていきましょう。身勝手な行動を、我が子に見せたくないものです。

運動会は子供たちの日頃の頑張りを大人たちと分かち合う授業の一環です。子供たちの頑張りを無駄にせず、気持ち良く皆で応援できるように、ルール、マナーの徹底へのご協力よろしくお願いいたします。

平成○○年○月○日

PTA 会員各位

○○○立○○小学校
校　　長　○○　○○
PTA 会長　○○　○○

『父親会』会員募集のお知らせ

風薫る季節、気持ちも爽やかにお子様と新学期をお迎えの事と存じます。
さて、新年度を迎えるにあたり、今年度も○○小学校『父親会』の会員を募集します。

父親会とは、“いろいろなイベントを企画して、児童とともに遊びやスポーツを通じて交流を深めよう”という「お父さん」達の集まりです。学年や学級にこだわらず、親子のふれあいの場をつくって大切にしていく、アットホームな活動を趣旨としています。
また、時にはお父さんたちの“懇親会”も開催します。

なお、活動する時のみの参加も大歓迎です！！

つきましては、新年度第一回会合を下記の通り開催致します。どうぞ構えずに、普段着の気持ちで、ふるってご参加ください。

記

1．日時　○月○日（○）　午後○時から（１時間位）
2．場所　○○小学校　１階　地域開放室　隣の和室

（　文書番号　）

平成○○年○月○日

ＰＴＡ会員各位

○○○立○○小学校
校　　　長　○○　○○
ＰＴＡ会長　○○　○○

キッズフェスティバルの ボランティアを募集します

暑さが日増しに厳しくなってまいりましたが、会員の皆様はいかがお過ごしでしょうか。

さて、○月○日（○）に開催されます『キッズフェスティバル』のお手伝いを募集したいと思います。各クラスの委員の方には学年ブースを運営して頂く関係で、委員以外の方のボランティアを募集しています。焼きそば・かき氷等お父さんたちの活躍の場も沢山あります。

一人でも多くの方のご応募をお待ちしております。

記

日時：○月○日（○）　午前○時～○時
（お手伝いの方は○時から○時半の間で、できる時間で結構です）
内容：焼きそば・かき氷作り（主に男性）
焼きそばのパック詰め（主に女性）

＊ エプロン・三角巾をお持ち下さい。
＊ 焼きそばのパック詰めは１階○○教室で行います。スリッパ等をお持ちください
＊ ○月○日（○）までに担任の先生に応募用紙を提出して下さい。

---------------- きりとり線 ----------------

『○○キッズフェスティバル』のお手伝いに参加します。

平成○○年　　月　　　日

年　　　　組　　　　保護者名＿＿＿＿＿＿＿＿＿＿

保護者名＿＿＿＿＿＿＿＿＿＿

※ボランティア可能な時間・内容など、ご希望がある場合はご記入下さい。

＿＿＿＿＿＿＿＿＿＿＿＿＿＿＿＿＿＿＿＿

（　文書番号　）
平成〇〇年〇月〇日

４・５・６年生のみなさん

〇〇〇立〇〇小学校
校　　　長　〇〇　〇〇
ＰＴＡ会長　〇〇　〇〇

平成〇年度

〇〇小キッズフェスティバル
キッズリーダー募集

今年も「キッズフェスティバル」は、４・５・６年生の「キッズリーダー」のみなさんと一緒に楽しいものにしたいと思います。
「キッズリーダー」になってくれるみなさんを大・大募集します！

〇〇っ子リーダーの活動、楽しいですよ！！！
お友達同士やお父さん・お母さん、先生たちと
スクラム組んでやっていきましょう！

□日時：〇月〇〇日（〇）　午前〇時集合
□場所：〇〇小学校　校庭　※雨天の場合はアリーナ
□活動内容：みんなの役に立つ活動を自分たちで考えていきます
　　　（例：〇〇っ子リーダーのブース、マナーパトロール、開会式／閉会式の司会など）
□お問い合わせ先　副校長　〇〇　〇〇（電話：〇〇 - 〇〇〇〇 - 〇〇〇〇）

※キッズフェスティバルの前に〇回「キッズリーダー」会議を行います。必ず出席してください。
・第一回「キッズリーダー」会議：〇月〇〇日（〇）午後〇時〇〇分～　ランチルーム
・第二回「キッズリーダー」会議：〇月〇〇日（〇）午後〇時〇〇分～　ランチルーム

きりとり

「〇〇キッズフェスティバル」〇〇っこリーダーとして活動に参加します。

（　　）年（　　）組　名前（　　　　　　　　　　　　　）

〇月〇〇日（〇）までに担任の先生に提出してください。

（　文書番号　）
平成○○年○月○日

ＰＴＡ会員各位

○○○立○○小学校
校　　長　○○　○○
PTA 会長　○○　○○

PTA 総合補償制度（保険）について

PTA では毎年、PTA 会費の中から PTA 総合補償制度（保険）に加入しております。（毎年○月に更新加入）
※掛け金内訳・・・○○円×世帯数＋○○円×児童数となります。

PTA 主催又は共催の行事に参加中の児童、PTA 会員（保護者・教職員）とその同居の親族及び当該行事への参加が事前に PTA より認められている代理人が偶然の事故原因により負傷した場合（但し、負傷されて、通院した場合に限ります）及び賠償責任が生じた場合の補償制度です。

【　傷害補償についての実例　】

例１．　PTA 主催のバレーボール大会参加中、プレー時に転倒してしまい、右足首を捻挫した。
例２．　PTA バレーボール練習時に、手首を捻挫した。
例３．　キッズフェスティバル参加中に、ケガをして通院した。
例４．　学校及び PTA 共催の行事のため（正規授業中でもある場合は除く）に会場へ向かう途中、交通事故に巻き込まれ骨折した。

※本年度の当制度のご利用は下記の担当者までお問い合わせください。

本年度担当窓口
PTA 会計　○○　○○　（○年○組）
TEL　○○○－○○○○－○○○○

理事アンケート

（総務・厚生・広報・校外指導・学年学級）

年　組　　　　名前

● 住所：

● 電話：　-　携帯：　-　-　アドレス：

● お子様の人数　　人

内訳：　乳幼児　・小学生　・中学生・高校生　・左記以上

● パソコンでの入力：　可　・　不可

● 所持・使用ソフト：　エクセル・ワード・一太郎・その他（　　　）

● 受け渡し可能媒体：　CD-ROM　・　DVD-ROM　・　フラッシュメモリ　・

その他（　　　）

● 仕事：　している　・　していない

● 役員経験：ある（　　　）部　・　ない

● ＰＴＡ活動できない曜日、時間帯

月	火	水	木	金
午　前 午　後	午　前 午　後	午　前 午　後	午　前 午　後	午　前 午　後

● 時間の取れる時間帯：　午前　・　午後　・　夕方　・　夜

●その他

平成〇〇年〇月〇〇日

〇〇小学校PTA　前 役 員　様
〇〇小学校PTA 転退職会員 様

〇〇小学校PTA会長　　〇〇　〇〇

〇〇小学校PTA歓送迎会について（ご案内）

陽春の候、先生におかれましては、ますますご健勝のこととお喜び申し上げます。

さて、この度の異動で、先生のお姿を本校でお見かけできなくなり、大変寂しい気持ちでおります。

つきましては、PTA主催による歓送迎会を下記の通り開催いたします。校務ご多用の折とは存じますが、是非ご出席くださいますようご案内申し上げます。

記

・日　時　　平成〇年〇月〇〇日（〇）　　午後〇時より

・会　場　　〇〇〇〇〇　　TEL 000-0000
〇〇〇〇駅東口左折

・会　費　　0,000円（当日ご持参ください。）

平成○○年○月○○日

○○小学校 PTA 新役員　様
○○小学校 PTA 新会員　様

○○小学校 PTA 会長　　○○　○○

○○小学校 PTA 歓送迎会のご案内

陽春の候、先生におかれましては、ますますご健勝のこととお慶び申し上げます。

さて、この度の異動で、本校に先生をお迎えすることとなり、大変嬉しく思っております。

つきましては、PTA 主催による歓送迎会を下記の通り開催いたしますので、是非ご出席くださいますようご案内申し上げます。

記

1　日　時　　平成○年○月○○日（金）　午後 6 時より

2　会　場　　○○○○○　　TEL 000-0000
○○○○駅東口左折

3　会　費　　0,000 円　　（当日ご持参ください。）

4　申し込み　ご出席いただける方は、大変申し訳ありませんが、○月○○日（○）までに、教務主任 ○○先生に参加申込書をご提出ください。

---------------------------- きりとり線 ----------------------------

○○ PTA 歓送迎会　参加申込書

歓送迎会の参加を申し込みます。

年　　組　　ご芳名＿＿＿＿＿＿＿＿＿＿＿＿

平成〇〇年〇月〇〇日

〇〇小学校教職員　様

PTA 会長〇〇　〇〇

〇〇小学校 PTA 歓送迎会について（ご案内）

陽春の候、会員の皆様にはますますご健勝のこととお喜び申し上げます。

さて、〇〇小学校では、4 月の人事異動により、20 名の先生方が転出され、19 名の先生方が転入されました。

つきましては、PTA 主催による歓送迎会を下記の通り開催いたしますので、是非ご出席くださいますようご案内申し上げます。

記

1　日　時　　平成〇〇年〇月〇〇日（〇）　午後〇時より

2　会　場　　〇〇〇〇〇〇〇〇〇　　℡　000 － 0000
〇〇〇〇駅東口左折

3　会　費　　0,000 円　　（当日ご持参ください。）

4　申し込み　参加ご希望の方は、大変申し訳ありませんが、〇月〇〇日（〇）までに、教務主任　〇〇先生にご提出ください。

――――― きりとり線 ―――――

〇〇 PTA 歓送迎会　参加申込書

〇〇小学校 PTA 会長　様

ご芳名＿＿＿＿＿＿＿＿＿＿＿＿＿＿＿＿

平成○○年○月○○日

○○小学校
○○　○○　教頭先生

○○○市立○○○小学校
ＰＴＡ会長　○○　○○

○○小学校ＰＴＡ歓送迎会について（ご案内）

陽春の候、○○教頭先生におかれましては、益々ご健勝のこととお慶び申し上げます。

さて新年度を迎え、早いもので一月が過ぎようとしています。私たちＰＴＡも○○年度の集大成の総会に向け準備を進めるとともに、○○年度体制への引継ぎに向け活動をしているところでございます。定期の人事異動ではなく、本年１月に一足早く異動をされた○○教頭先生、学校での離任式はすでに済んでいるところではございますが、ＰＴＡとして歓送迎会をできずにいました。例年ＰＴＡ総会後に開催しています、ＰＴＡ主催の歓送迎会を本年も下記の通り開催いたします。

つきましては公務ご多用の折とは存じますが、是非ご出席くださいますようご案内申し上げます。

記

日時　平成○○年○月○○日（○）　午後６時00分より

場所　○○○○○○　　ＴＥＬ　000―00000

○○○駅○○左折

会費　0,000円　　（当日ご持参ください。）

※　恐縮ではございますが、準備の都合上○月○日（○）までに参加の有無を
○○小学校教務主任　○○先生までご連絡ください。

平成○○年○月○日

PTA 会員　様

○○小学校 PTA 会長　○○　○○

○○小学校 PTA 歓送迎会のご案内

陽春の候、ますますご健勝のこととお喜び申し上げます。平素は格別のご高配を賜り、厚く御礼申し上げます。さて、平成○○年度○○小学校 PTA 総会終了後に、歓送迎会を下記の通り開催いたします。つきましては、ご多用の折とは存じますが、是非ご参加くださいますようご案内申し上げます。

記

・　日　時　　平成○○年○月○○日（○）　　午後○時○○分より

・　会　場　　○○○○○○○○○　　TEL　000 − 0000
○○○○駅東口左折

・　会　費　　0,000 円（当日ご持参ください。）

＊　準備の都合上、恐縮ではございますが、○月○○日（○）までに、教務主任に参加申込書をご提出ください。

―――――――――― きりとり線 ――――――――――

平成○○年○月○○日

○○ PTA 歓送迎会　参加申込書

○○小学校 PTA 会長　様

年　　組　　氏名＿＿＿＿＿＿＿＿＿＿＿＿＿＿＿＿

平成○○年○月○○日

○○小学校ＰＴＡ

○○小学校ＰＴＡ理事の諸注意

1．来校時の諸注意

①スリッパ・名札(第２回部会で配布)を必ずお持ちください。
②駐輪は、○○（○○○側）をご利用の上、○○の横にお願いします。
③荷物の搬入等以外は、車での来校はご遠慮ください。
④出入り口は○階の○○○○○をご使用ください。
⑤靴はＰＴＡと書いてある下駄箱をご利用ください。
⑥傘はたたんで、児童用傘たてに邪魔にならないように置いてください。
⑦正面玄関(一階職員室前)にある学校来校者ノートに、来校日時、氏名、来校目的(○○部印刷、○○部会等)をご記入ください。お帰りの際は退校時刻をご記入ください。必ず一人ずつのご記入をお願いします。

2．活動上の諸注意

①ＰＴＡ研修室は○○○(○○○○)の○階、○○○の隣にあります。各部が共通で使用します。
②原則として、ＰＴＡ研修室以外での飲食は禁止です。
③飲食によるゴミは、できるだけ各自でお持ち帰りください。
④校舎内での喫煙は禁止です。
⑤校舎内を移動する時は、私語を慎んでください。
⑥職員室の入退室は、手前のドアをご使用ください。
⑦職員室にはドアをノックしコート等は脱いで、「失礼します。○○部の○○です。」と告げてから入室してください。また、「失礼しました。」と告げてから退室してください。
⑧理事用封筒は内容を確認後、封筒の後ろに確認印を押し、空にして担任の先生を通じて戻してください。１年間使用します。申込書や現金等は必ず別封筒をご使用ください。
⑨名札、腕章(第○回部会で配布)は、各自で管理をお願いします。１年後の返却となりますので紛失には十分ご注意ください。腕章の使用については、随時、連絡します。

平成○○年○月○○日

ＰＴＡ会員各位

○○市立○○小学校
ＰＴＡ会長　○○　○○

クラス名簿作成について

陽春の候、会員の皆さまにおかれましてはますますご健勝のこととお慶び申し上げます。
平素は、本校ＰＴＡ活動へのご理解とご協力をいただき感謝申し上げます。

さてメール配信の確立に伴い、クラス連絡網がなくなりました。学校からの連絡についてはメールにて対応できていますが、会員同士、各家庭間での連絡などを行う際、連絡先がわからず、連絡を取りたくてもできないということが起こるようになりました。

そのためＰＴＡとして会員同士の連絡のツールとして、各家庭の連絡先の入ったクラス名簿の作成を昨年に引き続きさせていただきたく、お願いを申し上げます。

下記のフォームを使用し、皆様の連絡先の確認をさせていただきます。主旨をご理解の上、皆さまにはご協力いただきますようお願い申し上げます。

皆さまからいただいた連絡先につきましては、ＰＴＡで厳重に管理するとともに、クラス名簿作成以外には使用いたしません。また事情により名簿に連絡先の記載を希望されない会員の方はその旨をお知らせください。
よろしくお願いいたします。

きりとり線

お子様の名前	ご連絡先
名簿への記載	希望する　　希望しない

※　　　月　　日までにクラス担任の先生にお子様を通じてご提出ください。

※　連絡先はご自宅でも携帯でも構いません。
どちらか一方をご記入ください。両方記入された場合はご自宅にさせていただきます。

〇〇小学校ＰＴＡ

クラス名簿作成について

名簿の配り方

・　掲載を希望する、希望しないに関わらず、クラス全員に配布します。
　※　掲載を希望しない方への配布は、しないで欲しいなどの意見もあるかもしれませんが、本年はクラス全員に配布します。

・　連絡先に携帯電話、家電話の両方を記入、提出していただいた家庭の場合は家の電話を優先して記載しました。

・　訂正、追加、変更などがあるときは、各クラスでの対応をお願いします。
　クラス懇談会時にその場で、追加・修正をしてください。

・　連絡網ではありませんので、学校からの連絡には使用しません。
　クラス名簿という位置づけなので、各クラスにて運用はお願いしますが、名簿を使用して会員同士の連絡を流すことも致しません。

　目的は会員同士の連絡、コミュニケーションのツールです。

　現状では学校に連絡して、先生に連絡先を聞くという手段になってしまいますが、基本的には学校は、連絡先は教えてくれません。

※　連絡網がなくなり、会員同士の連絡ができなくなってしまいましたので、本年度は新たな試みとして、クラス名簿を作成しました。来年度も作成するかは現段階では決めていません。本年度１年間運用してみて、様子を確認しながら、よりよい形にしていきたいと考えています。

※　様々な意見が出てくるかもしれませんが、その場での対応、変更はせずに意見として会長に伝えます。という対応で構いません。

※　ＰＴＡでは基本的に、お渡しした後は、管理はしません。転出入による追加や変更は各クラスでの対応をお願いします。(学期ごとのクラス懇談会時に改変はしていただきます。)

平成○○年○月○○日

ＰＴＡ会員各位

○○中学校ＰＴＡ会長　○○　○○
○○小学校ＰＴＡ会長　○○　○○
○○小学校ＰＴＡ会長　○○　○○
○○小学校ＰＴＡ会長　○○　○○

４校合同食育事業『保護者向け料理教室』のご案内

日頃より各校ＰＴＡ活動に対しまして、ご理解、ご協力をいただき厚く御礼申しあげます。

さて本年度、○○中学校区４校におきまして「食育」をテーマに４校合同で事業を開催しております。９月に合同で講演会を開催させていただきましたが、２回目として保護者の皆さまに向けた料理教室を下記のように開催いたします。

時節柄お忙しいとは思いますが、ご参加くださいますようご案内いたします。

記

日時　平成○○年○月 ○○日（○）　○○：○○～○○：○○　（受付○○：○○～）
場所　○○中学校　○○○室
※駐車場はありませんので、自転車または徒歩で来場をお願いします。
内容　保護者向け料理教室
４校の栄養士、栄養教諭を講師とし料理教室を開催します。
メニュー
かてめし（○○の郷土料理）　ごまあえ
サバの野菜あんかけ　むらくも汁
ミルクゼリー（ブルーベリーソースがけ）
以上５品を予定しています。
調理実習後、参加者で試食を行います。
参加費　お一人　**000**円（当日集めます。お釣のないようご用意ください。）
持ち物　エプロン、三角きん、マスク、ふきん、箸、筆記用具、上履き

※会場に限りがありますので、応募者多数の場合には抽選をさせていただきます。
※申し込みいただいた方全員に参加の可否の連絡をいたしますので、**差し支えなければ連絡先**のご記入をお願いします。　連絡先の記入のない方にはお子様を通じてご連絡いたします。
参加を希望される方は、**○/○○（○）**までに担任の先生を通じて学校までお申し込みください。

中学校と小学校にお子様がいる保護者の方は、**小学校の方で**お申し込みください。

きりとり線

４校合同食育事業『保護者向け料理教室』申込書

年　　組	お子さんの氏名	参加者の氏名	連絡先（電話番号）

連絡先の記入は必須ではありませんが、可能であればお願いします。

この事業のご連絡以外には使用しません。

②　**トイレ前シートの片付け（担当：１・２年）**
スリッパに履き替え、ほうきでごみを掃きだしたたむ
（汚れがひどければボロ布で拭いて下さい。）
しまう場所は教職員に確認する
使用したスリッパはふいて戻す

③　**お茶の手配（担当：正副部長）**
理事数(25 × 4+28) + 教職員数(45) + 正副会長･監事数(6)+ 予備を用意(１８２本)
片付け終了後、朝礼台付近で各部長に配布、教職員分は職員室に運ぶ

④　**腕章・リボンの回収（担当：正副部長）**
片付け終了後、副部長は学年ごとに確認、回収して部長に届ける
部長は部ごとに確認、回収

⑤用具の片付け（担当：正副部長）

４．用具について

（１）総務部準備品（担当：正副部長）

＊ 各種貼り紙
・トイレ案内板・清掃、故障中の札・洋式トイレ案内の貼り紙
・「水洗レバーは手で押してください」の貼り紙
・「土足 OK」の貼り紙
＊ マジック・鉛筆・紙・ガムテープ・セロテープ

（２）学校準備品（担当：教務主任）

＊ トイレ清掃用具（保健室に常備）
・ゴミ袋・汚物入れ・トイレットペーパー・清掃用ブラシ・洗剤・石鹸
＊ 移動案内黒板・スリッパ・ほうき・バケツ・いす４脚

５．その他

＊ 腕章・名札は、当日は一日、必ず身に着けて下さい。
＊ 子どもの演技が見られるように、協力し合いましょう。
＊ 係りの片付けが終了したら、ほかの係りの仕事を手伝って下さい。
＊ 不審者を見かけたら、教頭・教務主任または会長・副会長に連絡して下さい。
（個人では声をかけないこと）
＊副部長を中心に学年ごとに行動、出欠は副部長が確認してください。

平成○○年○月○○日
第○回総務部会資料

秋季大運動会について

1．期 日

平成○○年○月○○日（○）※延期の場合：○○日（○）又は○○日（○）

集 合

＊正副部長・６年生・・・午前○時、１階児童昇降口前
＊その他・・・朝の集合はありません。ただし、運動会が始まったら学年ごと
担当時間に応じて○○○○階○○○前に集合して下さい。

解 散

片付け終了後、昇降口付近で反省会を行い、解散。（毎年午後○時～○時半ごろ）

2．持ち物

＊腕章・名札
＊雑巾３枚（使い捨てのできるボロ布）
＊ゴム手袋

3．仕事内容

（１）運動会開始前の仕事 （担当：部長・６年）

＊ 用具の準備（PTA 研修室、保健室より運搬、設置）
＊ トイレ案内板など各種貼り紙を貼る

（２）運動会進行中の仕事（担当：全員 ※担当時間帯は別紙参照）

＊ トイレ（第２校舎１階）の見回り及び清掃
（各時間帯の最終種目の時に、清掃して下さい。）
・清掃内容
便器、洗面所周りを軽くふく
汚物入れの交換（いっぱいになる前に交換して下さい。）
トイレットペーパーの交換（残り４分の１程度で交換して下さい。）
尚、男子トイレ清掃時は清掃中の札をかけて下さい。

（３）運動会終了後の仕事（担当：全員）

① トイレ清掃（担当：女子トイレ５・６年 / 男子トイレ３・４年）
洗剤、ブラシで便器を清掃、床はボロ布でふく

平成○○年○月○○日

ＰＴＡ会員　様

○○小学校ＰＴＡ会長　○○　○○

学級理事選出について

陽春の候、会員の皆様にはますますご健勝のこととお慶び申し上げます。日頃よりＰＴＡ活動にご理解とご協力をいただきありがとうございます。

さて、年度当初の学級懇談会において、各クラスの学級理事選出を行います。お忙しいとは存じますが、是非ご出席下さいますようお願い申し上げます。

つきましては、お手数ですが、下記「出席票」または「委任状」のどちらかを、○月○○日(○)までに担任の先生を通じてご提出ください。

提出の有無にかかわらず、欠席の方でも学級理事（役員）に選出される場合がございますので、ご了承ください。

また、学級懇談会終了後、新理事の方は、各学年の１組の教室にお集まりください。学級理事顔合わせとともに、ＰＴＡ活動についての説明を行います。

尚、第○回部会（正副部長・シクラメン・バザー委員長・卒業対策委員長選出）は、○月○○日(○)午後○時からの予定です。

きりとり線

（出席用）

出　席　票　(兼　委　任　状)

私は、平成○○年度第○回学級懇談会(学級理事選出)に出席します。

尚、本票提出後、都合により当日欠席する場合は、学級理事選出にかかわる一切の議決事項を議長に一任します。

平成○○年○月　　日

　　　年　　　組

児童氏名＿＿＿＿＿＿＿＿＿＿＿＿

保護者氏名＿＿＿＿＿＿＿＿＿印

（欠席用）

委　　任　　状

私は、平成○○年度第○回学級懇談会の学級理事選出にかかわる一切の議決事項を議長に一任します。

平成○○年○月　　日

　　　年　　　組

児童氏名＿＿＿＿＿＿＿＿＿＿＿＿

保護者氏名＿＿＿＿＿＿＿＿＿印

3 個人情報保護法の改正について

「個人情報保護法」皆さんも聞いたことはあると思います。２００５年に施行された法律ですが、２０１７年５月に改正されるまで、ＰＴＡにはあまり馴染みのない法律でした。改正される前は、５０００件以上の個人情報を取扱う事業者に対するものであったため、ＰＴＡだけではなく、様々な団体が適用外の法律でしたので、特に気にすることのない法律でしたが、社会環境の変化により数量の要件が改正後撤廃され、全ての事業者に適用されるようになりました。これによりＰＴＡや町内会、自治会等も法の適用事業者になりました。報道等で取り上げられましたので、ＰＴＡにも適用されるようになったことを知っているという人は多いと思いますが、具体的にどのようにすればということが、わからないということがあると思いますので、ここでは個人情報保護法についてと、ＰＴＡでの対応の仕方について例を交えながら説明していきます。

個人情報保護委員会のＨＰにいろいろな情報が掲載されていますので、さらに深く知りたい方は是非そちらも見てみてください。また、会則や規則を作成する際の参考にサンプル等も合わせて掲載をいたしますので、必要に応じてご使用いただければと思います。会則や規則などは必ず作成しなければならないものではありませんが、役員の皆さんや学校ともよく相談の上、どのようにしていくかをよく話し合って、それぞれのＰＴＡにあった対応をしていくことが大切になります。守らなければならない基本ルールもありますので、以下に説明していきます。

個人情報保護法とは

個人情報の利用が著しく増えている時代の中にあって、個人情報を取り扱う事業者が守らなければいけない義務を定めたもので「個人の権利と義務を保護する」ことを目的とし、２００５年４月１日に施行された法律です。

※地方公共団体や公立の学校、教育委員会は個人情報保護法の適用外となっていますが、各都道府県や市町村が制定する【個人情報保護に関する条例】が準用されます。

個人情報の定義

生存する個人の情報であって、特定の人物のものだとわかるもの。

氏名や生年月日、その他の記述等により特定の個人を識別することができるものや、顔画像（写真）等であっても特定の個人を識別することができれば個人情報となります。

※２０１７年５月30日の改正により、以下の情報も個人情報に定義されました。

・顔認識・指紋認識データなど、特定の個人の身体的特徴をデータ化した情報

・運転免許証番号・マイナンバーなど、個人に割り当てられる番号が含まれる情報

個人情報保護法の改正

平成27年９月に改正個人情報保護法が成立し、平成29年５月30日より全面施行されました。改正前は、５０００件以下の個人情報を取扱う事業者は法の対象外とされてきましたが、改正後は数量要件が撤廃され、全ての事業者に個人情報保護法が適用されるようになりました。これによりＰＴＡも個人情報取扱事業者に該当することになりました。

※ＰＴＡだけが対象になったわけではなく、町内会、自治会、育友会など個人情報を取扱う全てが、法の対象に改正されました。

※ＰＴＡも会員等の個人情報を取得、利用、管理する場合、個人情報保護法を遵守する必要があります。

※【参考】個人情報を取扱う事業者は、保有する個人情報を漏えいしてしまった場合や、不正に入手、利用、または本人の同意を得ずに第三者に勝手に提供するなどの義務違反が発生し、**個人情報保護委員会の改善命令にも違反した場合**は、個人情報保護法により、６ヶ月以下の懲役または30万円以下の罰金の**行政罰が科せられる場合があります**。

個人情報を取扱う場合の基本ルール

個人情報取扱事業者は、次ページの表のルールを守らなければならないとされています。

ＰＴＡも個人情報を取得、利用、管理する場合はルールを守る必要があります。

また次のページには、会員名簿の作成をする際のルール・注意点を個人情報保護委員会のＨＰの参考資料をまとめて表にしました。

項　目	ルール
1.個人情報を取得する際	個人情報を何に使うか、あらかじめ利用目的を特定し、本人に伝える。 　個人情報を書面にて取得する場合、配布する用紙に「利用目的」を記載すること等が必要です。 記載例）「会員名簿を作成し、掲載された会員へ配布するため」
2.個人情報を利用する際	取得した個人情報は、特定した利用目的以外には使わない。
3.個人情報を保管する際	個人情報を安全に管理する。 　電子ファイルの場合は、パスワードの設定やウイルス対策ソフトを利用する。 　紙媒体の場合は、施錠できるところに保管する。 会員名簿など個人情報を含む配布物については、配布先の会員に紛失や盗難に注意すること、また転売などしないよう注意喚起を行うことも大切です。
4.個人情報を他人に渡す際	個人情報を他人（本人以外の第三者）に渡す場合は、原則、本人の同意を取得する。 ただし以下の①～③の場合等は同意が不要です。 ①　警察からの照会（法令に基づく場合） ②　②災害発生時の安否確認 ③　委託先に提供する場合 　会員名簿の印刷を行うために印刷業者に名簿を提供する場合や、書類等を送付するために配送業者に氏名・住所を渡す場合等は本人からの同意は不要です。 　委託先に提供する場合には、委託先をしっかりと選定し、個人情報を適切に管理しているか監督する。 　提供に関する記録を残す。（委託先への提供の場合は不要） 　第三者に個人情報を提供した場合には、提供先を記録して一定期間保管を行うことが必要です。
5.本人から個人情報の開示を求められた際	個人情報について、本人から開示や訂正、削除を求められた場合は、適切に対応する。 　個人情報を集める際に配布する用紙には、訂正等に関する問い合わせ先を記載しておく必要があります。

個人情報を集める、保管するときのルール	
ルール	会員名簿を作成して配布する場合
①個人情報を集める前	
利用目的の特定 個人情報の利用目的をあらかじめ特定する。	「会員名簿を作成し、名簿に掲載される会員に対して配布するため」と利用目的を特定する必要があります。
②本人から個人情報を集めるとき	
利用目的の通知・公表 本人から書面で個人情報を取得する場合には本人に対して利用目的を明示する。	個人情報を集める際に配布する用紙に、上記の利用目的を記載する必要があります。
③個人情報を保管しているとき	
安全管理措置 集めた個人情報の漏えい防止のために、適切な措置を講じる	会の事務局において、盗難・紛失等がないよう適切に管理する必要があります。また配布先の会員に対して盗難や紛失・転売などしないように注意を呼びかけることも重要です。
保有する個人情報の訂正等 集めた個人情報の内容に誤りがあった場合に訂正するための手続きの方法等を本人の知りうる状態におき、請求に応じて訂正する。	②で配布する書面に訂正等に関する問合せ先等を記載し、本人から内容の訂正を求められたら、適切に対応する必要があります。

個人情報を第三者に提供するときのルール	
ルール	会員名簿を作成して配布する場合
本人同意の取得 　本人以外の者に個人情報を提供する場合は、あらかじめ本人の同意を得る。ただし、例えば以下のような場合は、同意を得なくても提供できる。 1.　法令に基づく場合 2.　人の生命、財産を守る場合 3.　委託先に提供する場合	「名簿に掲載される会員に対して配布するため」と伝えた上で任意に個人情報を提出してもらえれば、同意を得たこととなります。また、以下の場合には同意を得なくても、会員以外に名簿を提供できます。 1.　警察からの照会 2.　災害発生時の安否確認 3.　会員名簿を印刷業者に委託する場合で、印刷業者に名簿を提供する場合
提供に関する記録業務 　提出先などを記録し一定期間保管する。	名簿に配布先の会員名簿が記載されているため、名簿そのものを一定期間保管する必要があります。
委託先の監督 　個人情報を委託先に提供する場合には、適切な監督を行う	名簿の印刷を業者に委託する場合、委託先をしっかりと選定し、個人情報の適切な管理を実施することについて確認する必要があります。 ■委託先への確認方法の例■ 　情報の持ち出しの禁止、委託された業務以外の利用禁止、返却・廃棄等の事項を記載した書面を渡す等 　また、個人情報が適切に取扱われているか委託先の状況を口頭等で確認することも大切です。
この資料は個人情報保護委員会の参考資料、会員名簿の作成の注意事項から引用しています。 http://www.ppc.go.jp/files/pdf/meibo sakusei.pdf	

以上のように守らなければならない基本のルールがあります。個人情報を集める際には、**利用目的の特定**、**利用目的の通知・公表**、**集めた情報の安全管理措置**の3つが必須になります。次はPTAの体制整備について触れますが、必ず必要な事柄ではありません。以下のような準備があるとより安心になりますということですので参考にしてください。

個人情報保護法改正に伴う体制の整備について

①PTA会則（規約）の改正

PTAも個人情報取扱事業者となりましたので、PTA会則（規約）等に個人情報の取扱いに関する規則を策定（設置）した旨を追加で記述することが重要となります。

※PTA会則に（規約）等に追加する文言例

第○条　（会員の個人情報の取扱いについて）

本会の活動を推進するために必要とされる個人情報の取得や利用、管理については「個人情報取扱規則」に定め適正に運用するものとする。

②個人情報取扱い規定の策定（設置）

PTAとして「個人情報取扱規則」を作成しておくことで、個人情報の取得・利用・管理等の方法が明確になります。会員の理解と安心も得られると思われますので「個人情報取扱規則」の策定をできるようであればお勧めいたします。

③PTAの事務（業務）を学校に委任している場合の対応

PTA会費の集金や預金通帳の保管等、PTAに関する事務を学校に委任している場合には、PTAはそれらの業務を学校へ業務委託していることを委任契約書（業務委託契約書）等で明確にしておくことも大切です。PTA会員であることの情報を学校に提供しなければ、PTA会費の集金などの業務が出来ない可能性もありますので、個人情報保護法における第三者提供の例外規定となる業務委託であることを明確にしておくことも大切です。

※委任契約書（業務委託契約書）の参考サンプルを参考資料に掲載してあります。

④学校から保護者名簿、児童生徒名簿の提供を受ける場合の対応

多くの都道府県・区市町村等の【個人情報保護に関する条例】においては、教育委員会（学校）は、保有する個人情報を利用目的以外のために第三者に提供してはならないと規定されております。これにより、学校がＰＴＡに対して児童生徒、その保護者の名簿（個人情報）を本人の同意を得ずに提供することは、条例違反となる可能性があります。

※ＰＴＡとして、学校が保有する個人情報の提供を受けるには、あらかじめＰＴＡに個人情報を提供することへの同意を学校が保護者から取得しておいてもらう等の対応が必要になりますが、学校側が集める際の文書の確認等が必要になりますので、学校とよく協議を行うか、できればＰＴＡが情報を集めるようしたほうが良いです。

切に行うこととする。

（第三者提供の制限）
第 12 条　個人情報は次にあげる場合を除き、あらかじめ本人の同意を得ないで第三者に提供してはならない。
（1）法令に基づく場合
（2）人の生命、身体または財産の保護のために必要な場合
（3）公衆衛生の向上または児童の健全育成の推進に必要がある場合
（4）国の機関もしくは地方公共団体又はその委託を受けた者が法令を定める事務を遂行することに対して協力する必要がある場合

（第三者提供に係る記録の作成等）
第 13 条　本会は、個人情報を第三者（第 12 条第 1 号から第 4 号の場合を除く）に提供したときは、次の項目について記録を作成し保存する。
（1）第三者の氏名
（2）提供する対象者の氏名
（3）提供する情報の項目
（4）対象者の同意を得ている旨

（第三者提供を受ける際の確認等）
第 14 条　第三者（第 12 条第 1 号から第 4 号の場合を除く）から個人情報の提供を受けるときは、次の項目について記録を作成し保存する。
（1）第三者の氏名
（2）第三者が個人情報を取得した経緯
（3）提供を受ける対象者の氏名
（4）提供を受ける情報の項目
（5）対象者の同意を得ている旨（事業者でない個人から提供を受ける場合は記録不要）

（情報の開示）
第 15 条　本会は、本人から個人情報の開示、利用停止、追加、削除を求められたときは、法令に沿ってこれに応じる。

（漏えい時等の対応）
第 16 条　個人情報データベースを漏えい等（紛失含む）したおそれがあることを把握した場合は、直ちに管理者に報告する。

（研修）
第 17 条　本会は、役員・常任委員長・会員・常任委員に対して、定期的に、個人データの取扱いに関する留意事項について、研修を実施するものとする。

（苦情の処理）
第 18 条　本会は、個人情報の取扱いに関する苦情の適切かつ迅速な処理に努めなければならない。

（改正）
第 1 条　法令の改正または実務上の不備が発生した場合は、役員会において審議し承認をもって改定することができる。なお、本規則を改定した場合は、第 7 条に定める周知方法をもって会員へ周知するものとする。

附則　本規則は、平成〇〇年〇月〇日より施行する。

資料（その１）

○○ＰＴＡ　個人情報取扱規則

（目的）
第１条　○○市立○○ＰＴＡ（以下、「本会」という）が保有する個人情報の適正な取扱いと活動の円滑な運営を図るため、個人の権利･利益を保護することを目的に、ＰＴＡ役員名簿･会員名簿･行事などの記録や写真及びその他の個人情報データベース（以下、「個人情報データベース」という）の取扱いについて定めるものとする。

（責務）
第２条　本会は、個人情報保護に関する法令を遵守すると共に、ＰＴＡ活動において個人情報の保護に努めるものとする。

（管理者）
第３条　本会における個人情報データベースの管理者は、会長とする。

（取扱者）
第４条　本会における個人情報データベース取扱者は、役員・各委員会委員長とする。

（秘密保持義務）
第５条　個人情報データベースの管理者・取扱者は、職務上知りうることができた個人情報をみだりに他人に知らせ、又は不当な目的に使用してはならない。その職を退いた後も同様とする。

（収集方法）
第６条　本会は、個人情報を収集するときは、あらかじめその個人情報の利用目的を決め、本人に明示する。

（周知）
第７条　個人情報取扱いの方法は、総会資料や広報誌等で会員に周知する。

（利用）　※必要に応じて、以下の利用目的（１）～（５）を削除・追加してください。
第８条　取得した個人情報は、次の目的に沿った利用を行うものとする。
（１）ＰＴＡ会費の集金業務、管理業務
（２）その他の文書の送付
（３）役員・会計監査・会員・常任委員・登校班等の名簿の作成
（４）委員選出、並びに本部役員等の推薦活動
（５）広報誌、会報誌、ＰＴＡホームページへの掲載

（利用目的による制限）
第９条　本会はあらかじめ本人の同意を得ないで、前条の規定により特定された利用目的の達成に必要な範囲を超えて、個人情報を取り扱ってはならない。

（管理）
第10条　個人情報は管理者又は取扱者が保管するものとし、適正に管理する。また、不要となった個人情報は管理者立ち合いのもとで、適正かつ速やかに廃棄するものとする。

（保管及び持ち出し等）
第11条　個人情報データベース、個人データを取り扱う電子機器等については、ウイルス対策ソフトを入れるなど適切な状態で保管することとする。また、持ち出す場合は、電子メールでの送付も含め、ファイルにパスワードをかけるなど適

資料（その２）

業務委任契約書

○○市立○○小学校ＰＴＡ　会長　　○○　○○（以下「甲」という）と、○○市立○○小学校　校長　○○　○○　（以下「乙」という）とは、甲の事務に関して次のとおり業務委任契約を締結する。

（委任事項）
第１条　甲は乙に対し、甲の事務のうち下記の業務を委任し、乙はこれを受諾する。
（１）ＰＴＡ会費の集金及び督促、経理事務一般
（２）印鑑、出納簿及び預金通帳の保管・管理
（３）ＰＴＡ広報誌、各種ＰＴＡ関連文書等の配布作業
（４）その他、甲、乙協議の上で必要な業務
２．前項各号に明記されていないもので必要が生じた事項については、甲と乙が協議して定める。
（権利義務の譲渡等の禁止）

第２条　乙は、第三者に対し委任契約の一部若しくは全部を委任し、この契約に基づいて生じる権利義務を譲渡し、又はこの契約上の地位を承継させてはならない。但し、甲の承諾を得たときはこの限りではない。

（報酬）

第３条　この業務委任契約に関し、乙は、甲に対して名目の如何を問わずいかなる報酬も求めない。

（秘密の保持等）

第４条　乙は、委任契約上知り得た秘密を第三者に漏らしてはならない。また、乙は、保管・管理する書類等を他人に閲覧、書写又は譲渡してはならない。但し、甲の承諾を得たときはこの限りでない。

（契約期間）

第５条　本契約は、平成○○年　　月　　日までとする。

但し、期間満了の１か月前までに甲または乙から書面等による解約の申し出がないときは、本契約と同一条件でさらに１年間継続し、以後も同様とする。

なお甲、乙において、１か月前に相手方に書面にて通知する事により、本契約を解除する事ができるものとする。

（補足）

第６条　この契約に定めのない事項については、必要に応じて甲、乙協議して定める。


この契約の締結を証するため、本書２通を作成し、甲、乙記名押印のうえ各自１通を保有するものとする。

平成　　年　　月　　日

委任者（甲）　○○市立○○小学校ＰＴＡ
会長　○○　○○　　印
受任者（乙）　○○市立○○小学校
校長　○○　○○　　印

参 考 資 料

- 教育用語集
- 公益社団法人
  日本 PTA 全国協議会網領
- 運営組織
- ブロック PTA 協議会
- 公益社団法人
  日本 PTA 全国協議会定款
- 年表（日本 PTA のあゆみ、教育・社会）53 ページ CD 収録

教育用語集

1　ＩＣＴ教育

ＩＣＴとは情報通信技術（Information and Communication Technology）をいい、ＩＣＴ教育とは、一般にＩＣＴの優れた特性を活かし、それを導入している教育をいいます。ＩＣＴ活用教育ともいいます。情報活用能力が学習の基盤となる資質・能力とされ、学校においては、コンピュータや情報通信ネットワークなどの情報手段を活用するために必要な環境を整え、これらを適切に活用した学習活動の充実を図ることになっています。小学校では、２０２０年からプログラミング教育が必修化されます。

2　アクティブ・ラーニング

学修者の能動的な学修への参加を取り入れた教授・学習法の総称をいうものとされています。教員による一方向的な講義形式の教育とは異なります。学修者の能動的な学修によって、認知的、倫理的、社会的能力、教養、知識、経験を含めた汎用的能力の育成を図るものです。その具体的な方法としては、発見学習、問題解決学習、体験学習、調査学習、グループ・ディスカッション、ディベート、グループ・ワーク等が挙げられています。

3　生きる力

これからの子どもたちに必要となる知・徳・体のバランスのとれた資質や能力のことをいい、この資質・能力を、「変化の激しいこれからの社会を『生きる力』」と称しています。１９９６年の中央教育審議会答申が提唱しました。確かな学力、豊かな人間性、健康・体力の知・徳・体をバランスよく育てることが大切だとしています。学校は、学校教育全体、更に各教科等における指導等において、児童生徒一人ひとりの生きる力の育成に努めるものとされています。

4　いじめ・不登校

いじめとは、いじめ防止対策推進法が「児童生徒に対して、当該児童生徒が在籍する学校に在籍している等当該児童生徒と一定の人的関係にある他の児童生徒が行う心理的又は物理的な影響を与える行為（インターネットを通じて行われるものを含む。）であって、当該行為の対象となった児童生徒が心身の苦痛を感じているもの」としています。また、不登校については、文部科学省は、何らかの心理的、情緒的、身体的あるいは、社会的要因・背景により登校しない、あるいはしたくともできない状況にあるため年間30日以上欠席したもののうち、病気や経済的な理由による者を除いたものとしています。

5　いじめ防止対策推進法

学校側がいじめの事実を隠蔽し、責任逃れをしたことが社会問題となって２０１３年に成立した法律で、いじめへの対応と防止について学校や行政等の責務を規定しています。「いじめ」の基準を「他の児童生徒が行う心理的又は物理的な影響を与える行為」により「対象の児童生徒が心身の苦痛を感じているもの」と明記しています。

6　インクルーシブ教育

人間の多様性の尊重等の強化、障がい者が精神的及び身体的な能力等を可能な最大限度まで発達させ、自由な社会に効果的に参加することを可能とするとの目的の下、障がいのある者と障がいのない者が共に教育を受けることをいいます（「障害者の権利に関する条約」より）。障がいのある者が教育制度一般から排除されないこと、自己の生活する地域において初等中等教育の機会が与えられること、個人に必要な合理的配慮がされること等が必要とされています。

7　ALT

外国語指導助手のことをいい、Assistant Language Teacher の略語です。外国語（通常は英語）を母語とする外国人が、小・中・高等学校等の外国語の授業などで、日本人教師の補佐に当たります。ネイティブスピーカーによる活き活きとした言語学習の環境の中で、児童生徒の学習意欲や効果、更に国際理解の向上を図ろうとするものです。その配置の形態については、学校配属、教育委員会等からの巡回派遣など、学校や地域の実情に応じて異なっています。

8　SNS

Social Networking Service（ソーシャル・ネットワーキング・サービス）の略語で、登録された利用者同士が交流できるＷｅｂサイトの会員制サービス（総務省）とされています。インターネットを介して他者との人間関係を築く点に特徴があります。LINE、Facebook、Twitter、mixi、Mobage、GREEが代表的なものです。便利な反面で、誹謗中傷、個人情報の流出、誘い出しによる暴力行為、ゲームの中毒性などのトラブルが報告されており、発達段階に応じた適切な指導が求められています。

9　学習指導要領

学校教育法等に基づき、全国的に一定の教育水準を確保するため、各学校における教育課程を編成する際の基準を文部科学省告示の形式で定めたものをいいます。学習指導要領では、小学校、中学校、高等学校等の種類ごとに、それぞれの教科等の目標や大まかな教育内容を定めています。学校は、学校教育法施行規則が定める年間の標準授業時数等や、学習指導要領の目標・内容を踏まえて、地域や学校の実態に応じて教育課程を編成します。

10　学校給食法

学校給食の普及充実及び学校における食育の推進を図るために、学校給食及び学校給食を活用した食に関する指導の実施に関し必要な事項を定めています。すなわち、国・地方公共団体の責務、学校給食の範囲、学校給食の目標、義務教育諸学校の設置者の任務、学校給食の経費、学校給食栄養管理者について規定しています。

11　学校教育法

学校制度の根本的・基礎的な事項を定めた法律で、６・３制の学校体系の採用に伴い、１９４７年に制定されました。学校の種類、学校の設置者と学校との関係、教員の種類・資格など各学校種別に共通な事項や、学校の目的・教育目標、修業年限、教科等の教育に関わる事項などについて規定しています。

12　学校支援地域本部

学校の活動が一層活発で効果的なものとなるようにするために、保護者や地域住民、様々な分野の専門家などの力を結集し、ボランティアの立場から計画的に学校を支援する組織です。例えば、造園や電気関係の専門家は学校内の環境整備、地域住民は登下校時の安全管理というように、学校が必要とする様々な取組に協力します。地域住民が積極的に学校活動に加わることで、地域の教育力が活性化することもねらいの一つです。

13　家庭・学校・地域の連携

急激な社会構造の変化は、子どもを取り巻く家庭や地域社会の教育力の低下をもたらしました。このため、家庭、学校、地域社会それぞれの役割をより一層明確にしながら相互に緊密な連携を図って、子どもの教育環境を整えていくことが重要になりました。地域の実情に応じた自然体験や生活体験、社会体験や職場体験などの取組が注目されています。学校と家庭、地域社会を結ぶ懸橋としてのＰＴＡの役割も大きくなっています。

14　家庭教育

家庭において行われる教育をいいます。家庭は子どもの健やかな育ちの基盤となっており、家族のふれ合いを通して、基本的な生活習慣、倫理観、社会的なマナー、豊かな情操などを身につけていきます。家庭教育の第一義的責任は親にありますが、親や家庭を取り巻く環境も大きく変化し、家庭の孤立化など家庭を巡る問題も深刻化してきており、社会全体で考え、家庭教育を支援していくことが重要になっています（教育基本法第10条参照）。

15　カリキュラム・マネジメント

学校において、自校の教育目標と、その実現に向けた教育課程の編成の方針、各種の指導計画、校務分掌や予算の配当などの人的・物的な体制について、教育活動の質、各種資源の活用、自校の課題対応などの観点から、学校として組織的、計画的、継続的に、その実施状況を把握して改善を図っていく取組をいいます。学校の実態に応じ、学校評価、ＰＤＣＡサイクル、学校内の職員会議や関連の組織の活用などの工夫が求められます。

16　環境教育

一般に、温暖化や自然破壊などの環境問題を把握し、環境と人間との関わりや自然など環境の価値についての認識を深めるとともに、環境への負荷が少なく持続可能な社会の構築を図ることの重要性を理解して環境保全に取り組む態度を育てる教育をいいます。学校においては、社会科や理科を中心に、小・中・高等学校等を通じ、児童生徒の発達段階に応じた指導が行われています。職場や地域など、あらゆる場でも実践されます。

17 義務教育費国庫負担制度

教育の機会均等と教育水準の維持向上を図るため、義務教育費国庫負担法に基づき、都道府県・指定都市が負担する公立義務教育諸学校（小・中学校、義務教育学校、中等教育学校の前期課程及び特別支援学校の小・中学部）の教職員の給与費について、その3分の1を国が負担する制度です。全国すべての学校に必要な教職員を確保し、都道府県間における教職員の配置基準や給与水準の不均衡が生じないようにする機能があります。

18 キャリア教育

一人ひとりの社会的・職業的自立に向け、必要な基盤となる能力や態度を育てることを通して、キャリア発達を促す教育をいいます（２０１７年1月31日中教審答申）。ここでいうキャリア発達とは、社会の中で自分の役割を果たしながら、自分らしい生き方を実現していく過程をいいます。キャリア教育は、個に応じ、働く意義や目的を探究し、勤労観・職業観を形成・確立していくように、様々な教育活動を通して実践されます。

19 教育委員会

地域の学校教育、社会教育、文化、スポーツ等に関する事務を担当する合議制の執行機関で、全ての都道府県・市区町村等に置かれます。首長から独立した行政委員会として、中立的・専門的な行政運営を展開します。教育委員会は重要事項や基本方針を決定し、それに基づいて教育長が具体の事務を執行します。教育委員会については、地方自治法、地方教育行政の組織及び運営に関する法律（略称：地方教育行政法）に定めがあります。

20 教育基本法

教育基本法は、国政の重要分野の一つである教育に関して基本的な目的や理念、教育の実施、国及び地方公共団体の責務、教育振興基本計画などについて規定しています。１９４７年に日本最初の基本法と名付けられた法律として制定され、その後２００６年に全部改正され、前文及び4章18条並びに附則により構成されています。

21 教育公務員特例法

教育公務員すなわち公立学校の校長、教頭、教諭、養護教諭、栄養教諭などは、地方公務員としての身分を有しているものの、その職務と責任の特殊性を考慮して、その任免、給与、分限、懲戒、服務、研修等についての地方公務員法の特例を定めています。例えば、教員の採用は、競争試験ではなく選考によるものとなっています。

22 教育再生実行会議

21世紀の日本にふさわしい教育体制を構築し、教育の再生を実行に移していくため、内閣の最重要課題の一つとして教育改革を推進する必要があることから、２０１３年1月15日の閣議決定により、教育再生実行会議を開催することとされました。この会議は、内閣総理大臣、内閣官房長官、文部科学大臣兼教育再生担当大臣及び有識者により構成され、内閣総理大臣が開催するものとされています。審議を通じて提言が順次まとめられています。

23 教育振興基本計画

教育基本法に基づき、政府は、教育振興に関する施策の総合的・計画的な推進を図るため、教育の振興に関する施策についての基本的な方針、構ずべき施策等の事項を定める教育振興基本計画を策定します。この国の計画を参酌し、地方公共団体は、その地域の実情に応じた計画策定の努力義務が定められています。第3期教育振興基本計画は２０１８年度から22年度までの5年間の計画で、５つの基本的な方針と21の教育政策の目標などを掲げています。

24 子どもの権利条約

「児童の権利に関する条約」（Convention on the Rights of the Child）をいい、国際人権規約が定める権利を踏まえて、子どもの基本的人権を国際的に保障する条約です（日本は１９９４年批准）。18歳未満の子どもについて人間としての人権を認めるとともに、成長の過程で特別な保護や配慮が必要な権利を定めています。前文と本文54条からなり、生存、発達、保護、参加という包括的な権利を実現・確保するために必要となる具体的な事項を規定しています。

25 子どもの読書活動

子どもの読書活動は、言葉を学び、感性を磨き、表現力を高め、創造力を豊かなものにします。その環境を整備するため、２００１年に「子どもの読書活動の推進に関する法律」が制定され、すべての子ども（概ね18歳以下）があらゆる機会とあらゆる場所において自主的に読書活動を行うことができるよう、国・地方公共団体の責務、事業者の努力、保護者の役割、推進基本計画の策定などを定め、更に４

月23日を「子ども読書の日」としました。

26 子どもの貧困

貧困によって子どもの将来が左右されないようにするため、2013年に「子どもの貧困対策の推進に関する法律」が制定されました。この法律に基づき、2014年8月に「子供の貧困対策に関する大綱」が閣議決定され、国と都道府県が連携して総合的に子どもの貧困対策に取り組んでいます。具体的には、就学や学資の援助、学習の支援、保護者に対する就労の支援、手当の支給や貸付金の貸付けなどの経済的支援が講ぜられています。

27 子どもの貧困対策の推進に関する法律

2013年6月に成立した法律で、子どもの将来がその生まれ育った環境によって左右されることのないよう、貧困の状況にある子どもが健やかに育成される環境の整備など子どもの貧困対策を総合的に推進することを目的としています。国には貧困対策に関する大綱の策定義務、都道府県には計画を定める努力義務を定めています。

28 コミュニティ・スクール

地域と一体となって子どもたちを育む「地域とともにある学校」へと転換していくことを目指し、学校運営協議会を置く学校をいいます（地方教育行政の組織及び運営に関する法律第47条の6。設置は努力義務）。この協議会は、地域住民、保護者等により構成され、校長が作成する学校運営の基本方針を承認するとともに、学校運営について教育委員会又は校長に、教職員の任用に関しては教育委員会に、それぞれ意見を述べることができます。

29 児童虐待の防止等に関する法律

深刻化する児童虐待の予防と対応方策のために2000年に制定された法律で、18歳に満たない者を児童とし、保護者の身体への暴行、わいせつ行為などの行為を児童虐待と定義しています。学校の教職員や病院の医師等の早期発見努力や児童虐待の通告義務を定め、都道府県知事の強制調査、警察の介入等の措置を講じています。

30 児童福祉法

18歳未満の児童の健全な育成、児童の福祉の保障とその増進を基本とする総合的な法律で、1947年に制定されました。国・地方公共団体の責任、児童福祉司などの専門職員、育成医療の給付等福祉の措置、児童相談所・保育所等の施設等について定めています。近年問題となった児童虐待に対応するための措置も盛り込まれました。

31 社会教育

社会教育の定義は、社会教育法第2条が「学校の教育課程として行われる教育活動を除き、主として青少年及び成人に対して行われる組織的な教育活動（体育及びレクリエーションの活動を含む。）」と規定しています。教育基本法は、社会教育の定義規定を置いていませんが、同法第7条は、社会において行われる教育は、図書館、博物館、公民館等の設置など適当な方法により、国・地方公共団体によって奨励されるものとしています。

32 社会教育施設（公民館・博物館・図書館）

社会教育活動のために用いられる施設をいい、公民館（社会教育法）、図書館（図書館法）、博物館（博物館法）を始め青少年教育施設（青少年交流の家・児童文化センターなど）、女性教育施設（女性教育会館など）等があります。教育基本法は、国・地方公共団体に社会教育施設設置の努力義務を定めています。施設運営に地域の意見を反映させる協議会等の組織や専門職員を置き、自主的な学習活動の支援を図っています。

33 社会教育主事

社会教育法の規定に基づき、都道府県・市町村の教育委員会の事務局に必ず置かれる社会教育の専門的職員で、社会教育を行う者に対する専門的技術的な助言・指導に当たる役割を担います。社教主事と略称されます。その職務は、教育委員会の社会教育事業の実施、社会教育施設主催事業や社会教育関係団体の活動に対する助言・指導など多岐にわたっています。社会教育主事の職務を助ける者として、社会教育主事補を置くことができます。

34 社会教育法

社会教育の分野に関する総合的かつ基本的な法律で、１９４９年に制定されました。広く国民の間で行われる自主的な活動として社会教育をとらえ、その保障と振興のために、国及び地方公共団体の任務、社会教育関係の職員や団体、社会教育施設などの事項について規定しています。

35 就学困難な児童及び生徒に係る就学奨励についての国の援助に関する法律

学校教育法が定める就学奨励制度を踏まえ、義務教育の円滑な実施に資するため、経済的に就学困難な義務教育段階の児童生徒に対し、地方公共団体が学用品等の購入費、通学費、修学旅行費の支給を行う場合に、国が必要な援助を与えることを定めています。このほか給食費など他の法律や予算措置による事項もあります。

36　主権者教育

公職選挙法改正により、2016年6月以降の選挙から選挙権年齢が満18歳以上とされました。国家・社会の形成者としての意識の醸成や、現実にある課題や争点について主体的に自分なりの考えを作っていく力を育むことが一層重要になりました。このため、社会全体で主権者教育を推進するという立場から、学校、家庭、地域において、政治制度の知識の習得、具体的な実践・体験活動、投票率向上の啓発活動などの取組が推進されています。

37　小1プロブレム

小学校第1学年の児童が学校生活に適応できないために起こす問題行動をいいます。多動で落ち着きがない、教師の話を聞かない、授業中かってに歩き回るなどの行動が指摘されています。原因としては、児童にストレス耐性や基本的な生活習慣が身についていない、家庭の教育力の低下、担任の指導の不適切性などがあげられており、幼小連携プログラムの導入など、幼稚園等から小学校への円滑な移行を図る取組がなされています。

38　生涯学習

生涯学習とは、人々が生涯に行うあらゆる学習をいいます。具体的には、学校教育、社会教育、文化活動、スポーツ活動、レクリエーション活動、ボランティア活動、企業内教育、趣味など様々な場や機会において行う学習を指します。教育基本法第3条は、国民一人一人がその生涯にわたって、あらゆる機会に、あらゆる場所において学習することができ、その成果を適切に生かすことのできる社会の実現を定めています。

39　障害者基本法

障がい者の自立や社会参加を支援するための施策について基本事項を定めた法律です。すべての障がい者は、その尊厳にふさわしい生活を保障される権利を有し、社会を構成する一員として社会、経済、文化、その他あらゆる分野の活動に参加する機会が与えられ、障がいを理由として差別されないことを基本理念としています。

40 障害者虐待の防止、障害者の養護者に対する支援等に関する法律

障がい者の権利利益の擁護のために、２０１１年に制定された法律（略称は障害者虐待防止法）です。18歳以上65歳未満の障がい者とその養護者を対象としています。障がい者に対する虐待の禁止、国等の責務、障がい者虐待を受けた障がい者に対する保護及び自立の支援のための措置、養護者に対する支援のための措置等を定めています。

41 障害者差別解消法

「障害を理由とする差別の解消の推進に関する法律」をいい、２０１６年４月から施行されました。この法律は、障害者基本法第４条の「差別の禁止」の規定を具体化するもので、障がいを理由とする差別の解消の推進に関する基本的な事項、行政機関等、事業者における障がいを理由とする差別を解消するための措置等を定めています。現に障がい者から社会的障壁の除去必要の表明があった場合には、その実施への必要合理的な配慮を求めています。

42 障害者の権利に関する条約

障がい者の人権及び基本的自由の享有を確保し、障がい者の固有の尊厳の尊重を促進することを目的とする条約で、２００６年に国連総会で採択され、日本は２０１４年に批准しました。その主な内容としては、①障がい者の尊厳、自律・自立の尊重、無差別、社会への完全かつ効果的な参加と包容、②すべての障がい者のあらゆる人権と基本的自由を完全に実現すること、③障がい者の自由権や社会権などの権利の実現のための措置などとなっています。

43 少年法

少年の保護事件や刑事事件に関する特則を定めるもので、未成年者は、原則として家庭裁判所により保護更生のための処置を下すものとし、家庭裁判所の判断により刑事裁判に付す場合においても不定期刑や量刑の緩和など様々な配慮を規定しています。２０００年改正で、刑事処分の可能年齢が16歳以上から14歳以上となりました。

44 消費者教育

消費生活の現状と課題、消費者の権利と責任、消費者被害の救済、消費生活と生涯を見通した経

済の計画、契約、消費者信用及びそれらをめぐる問題や消費者の自立と支援などの消費者に関する内容の教育をいいます。学校教育においては、生涯の基盤が培われるよう基礎的な知識及び技能を習得させるとともに、これらを活用して課題を解決するために必要な能力を育み、主体的に学習に取り組む態度を養うことを理念としています。

45 情報リテラシー

情報（information）と識字（literacy）の合成語で、1986年の臨時教育審議会第2次答申は「情報及び情報手段を主体的に選択して活用していくための個人の基礎的な資質」と述べています。学校においては、「生きる力」の重要な要素として、小・中・高等学校等の学校段階に応じ、学校の教育活動全体を通じて、情報活用の実践力、情報の科学的な理解、情報社会に参画する態度の三要素から構成される情報活用能力をバランス良く総合的に育成することを目標としています。

46 人権教育

人権は、人々が生存と自由を確保し、それぞれの幸福を追求する権利であり、人権教育は、人権に関する知的理解と人権感覚の涵養を基盤として、意識、態度、実践的な行動力など様々な資質や能力を育成し、発展させることを目指す総合的な教育をいうものとされています。人権教育においては、教育内容や方法の在り方とともに、教育・学習の場自体において、人権尊重が徹底され、人権尊重の精神がみなぎっている環境であることが求められています。

47 人権教育及び人権啓発の推進に関する法律

人権の擁護に資するために、人権教育及び人権啓発に関する施策の推進について、国、地方公共団体と国民の責務を明らかにし、必要な措置を定める法律で、2000年に制定されました。学校、地域、家庭、職域その他の様々な場を通じて、国民が、その発達段階に応じ、人権尊重の理念に対する理解を深め、これを体得することができるよう、多様な機会の提供、効果的な手法の採用、国民の自主性の尊重及び実施機関の中立性の確保を旨として行われなければならないものとしています。

48 スクールカウンセラー

教育機関において、児童生徒等を巡る不登校を始めとする種々の問題行動などに関して、心理学や心理援助知識などの高度な専門的知見を持って、児童生徒等へのカウンセリングを始め教職員や保護者への指導・助言、情報収集・提供などの職務に従事する心理職専門の職業名あるいはその職に就いている者のことをいいます。臨床心理士を中心に精神科医などが就任しています。地方自治体などによって勤務形態は異なっています。

49 スクールソーシャルワーカー（SSW）

学校生活や日常生活において児童生徒が抱える様々な悩みや課題に対して、家族や学校、地域に働きかけ、福祉的なアプローチによって解決を支援する専門職あるいはその職に就いている者をいい、ＳＳＷと略称されます。専門資格はなく、多くは社会福祉士や精神保健福祉士などが就きます。学校の職員として配置される場合、市町村教育委員会等から要請のあった学校に派遣される場合、複数の学校を掛け持ちして巡回訪問する場合があります。

50 青少年教育

青少年に対する総合的な人間形成を目的として、学校以外の場所で行われる教育を総称して青少年教育といいます。ここにいう青少年について

の法令上の定義はありませんが、国は、一般的には日本の将来を担う若い世代で、人間形成の途上にある人たちを指すものとしています。また、その対象年齢については、「青少年育成施策大綱」（平成15年12月９日青少年育成推進本部決定）が、おおむね30歳未満の者を対象としています。

51 青少年の体験活動

広くは、直接自然や人・社会等とかかわる活動を行うことにより、五感を通じて何かを感じ、学ぶ取組をいいます。意図的かどうかを問いません。ただし、学校教育や社会教育の場で提供される場合においては、教育的な目的・効果を考慮して計画的に体験活動を進めています。その内容に応じて、大きく生活・文化体験活動、自然体験活動、社会体験活動の３つに分類され、それぞれ教育的な効果が高いと指摘されています。

52 青少年の有害情報対策

インターネット上に多く流通する青少年有害情報への対策のため、２００８年に青少年ネット規制法（青少年が安全に安心してインターネットを利用できる環境の整備等に関する法律）が制定されました。この法律は、青少年のインターネット

を適切に活用する能力の習得に必要な措置、青少年有害情報フィルタリングソフトウェアの性能向上などにより青少年有害情報を閲覧する機会を少なくするための措置等を講ずるものとしています。

53 全国学力・学習状況調査

文部科学省が、全国的な児童生徒の学力や学習状況を把握・分析し、教育施策の成果と課題を検証し、その改善を図るとともに、児童生徒への教育指導の充実や学習状況の改善等に役立てることなどを目的として、2007年から全国の国・公・私立の小・中学校等の最高学年全員を対象として毎年4月に実施している学力・学習状況の調査をいいます。調査対象教科は、国語、算数・数学、理科（2012年から3年に1回）となっています。

54 男女共同参画

男女が社会の対等な構成員として、自らの意思によって社会のあらゆる分野における活動に参画する機会が確保され、男女が均等に政治的・経済的・社会的・文化的利益を享受することができ、共に責任を担うことをいいます。男女の人権が尊重され、豊かで活力ある社会の実現は緊要の課題です。男女共同参画社会基本法は、男女共同参画社会の形成を推進するため、国・地方公共団体と国民の責務、施策の基本事項の策定等を定めています。

55 男女共同参画社会基本法

男女共同参画社会とは、「社会の対等な構成員として、自らの意思によって社会のあらゆる分野における活動に参画する機会が確保され、もって男女が均等に政治的、経済的、社会的及び文化的利益を享受することができ、かつ、共に責任を担うべき社会」とし、その形成の基本理念を定めるとともに、国、地方公共団体と国民の責務等を明らかにしています。

56 地域と学校の連携・協働

学校が抱える課題を解決し、生きる力を育むためには、地域住民等の参画・協力が必要だとして、2015年12月21日、中央教育審議会は、社会的な教育基盤の構築等の観点から、学校と地域はパートナーとして相互に連携・協働し、社会総掛りでの教育の実現を図る必要があるという趣旨の答申をまとめ、コミュニティ・スクールや、地域全体で子どもの成長を支えていく活動である地域学校協働活動の推進などを強調しています。

57 地方教育行政の組織及び運営に関する法律

地方公共団体の教育行政機関としての教育委員会の組織、権限及び教育長の役割を明らかにするとともに、学校等の教育機関の設置管理の基本やその職員の任命（県費負担教職員制度を含む。）、国及び教育委員会相互間の関係などを定めています。地方公共団体の組織運営一般について定めた地方自治法の特別法といえます。

58 地方自治法

憲法第92条の「地方公共団体の組織及び運営に関する事項は、地方自治の本旨に基いて、法律でこれを定める」という規定に基づき、地方公共団体における民主的にして能率的な行政の確保を図り、その健全な発達を保障することを目的として、地方公共団体の区分、組織及び運営、国との関係などを定めています。

59 チーム学校

学校における子どもたちの問題行動や、家庭、友人関係、地域、学校など子どもたちの置かれている環境の問題などの課題に対して、教員のみによって対応するのではなく、心理専門職のスクールカウンセラーや福祉専門職のソーシャルワーカーも含めて、学校の教職員全員がチームとなり、それぞれの専門性を活かした有機的一体的な組織として、問題を抱えた子どもたちの支援に取り組む体制をいいます。２０１５年に中央教育審議会が答申しました。

60 中央教育審議会（中教審）

文部科学大臣の諮問機関で、文部科学省の審議会のうちで最も基本的な重要事項を調査審議します。１９９９年7月制定の文部科学省設置法によって文科省組織令に基づく審議会となり、２０００年6月には中央教育審議会令が制定され、学識経験者30人以内の委員で組織されることになりました。また、審議会には、教育制度、生涯学習、初等中等教育、大学の4分科会が設置され、審議会及び分科会には、必要に応じ部会・委員会が設けられます。

61 道徳教育

児童生徒が人間としての在り方を自覚し、人生をよりよく生きるために、その基盤となる道徳性を育成するものです。教育基本法は、教育の目標の一つに「道徳心を培う」ことを明記しています（第2条）。道徳教育は、学校の教育活動全体を通じて行い、更に小・中学校等においては、特別の教科である道徳（道徳科）を要とするものとしています。この評価で、特定の考え方の押しつけや、入試での使用はしないとされています。

62　特別支援学校への就学奨励に関する法律

教育の機会均等の趣旨にのっとり、障がいのある児童生徒等の自立を図ることなどを目的とする特別支援学校に就学する児童生徒について、経済的負担を軽減するために、その負担能力の程度に応じ、都道府県は、特別支援学校への就学のため必要な経費を支弁し、国はその2分の1を負担することなどを定めています。

63　特別支援教育

障がいのある幼児児童生徒に対して、その自立や社会参加に向けた主体的な取組を支援するという観点に立って、一人一人の教育的ニーズを把握し、その持てる力を高め、生活や学習上の困難を改善又は克服するため、適切な指導と必要な支援を行うことをいいます。特別支援教育は、小・中・高等学校等において推進するとともに、特別支援学級を置くことができます。さらに、障がいの種別に対応した教育を実施する特別支援学校の制度があります。

64　土曜学習応援団

土曜日における子どもたちの豊かな教育環境の実現に向け、２０１３年に学校教育法施行規則が改正され、学校の設置者は土曜授業を行うことができるようになりました。そして地域や産業界との連携により、土曜日教育ボランティア運動が展開され、その中で、会社員や公務員等の積極的な参加を得るため、企業・団体等からなる土曜学習応援団を組織し、企業等の出前授業など土曜日の多様な教育プログラムの促進を図っています。

65　日本国憲法

第二次世界大戦後、大日本帝国憲法の改正手続に従い、１９４６年11月3日に公布、翌年5月3日に施行された憲法で、象徴天皇制となり、「国民主権」「基本的人権の尊重」「平和主義（戦争の放棄）」がその3大原理とされました。20世紀に登場した社会権については、生存権、教育を受ける権利、労働基本権を保障しています。

66 認定こども園

子育て支援の観点から、教育施設である幼稚園と、児童福祉施設である保育所などのうち、一定の基準を満たすものを、幼保一体的な運営をする総合施設として都道府県知事（指定都市・中核市の市長を含む）が認定したものをいいます。「就学前の子どもに関する教育、保育等の総合的な提供の推進に関する法律」（認定こども園法）に基づき、２００６年からスタートしました。幼保連携型、幼稚園型、保育所型、地方裁量型（幼稚園・保育所いずれの認可もない施設）の４タイプがあります。

67 発達障害

自閉症、アスペルガー症候群その他の広汎性発達障がい、学習障がい、注意欠陥多動性障がいその他これに類する脳機能の障がいであってその症状が通常低年齢において発現するもののうち言語の障がい、協調運動の障がいなどをいいます（発達障害者支援法第2条第1項、同法施行令第1条等）。国・地方公共団体には早期発見と発達支援の責務があり、全ての国民が、障がいの有無によって分け隔てられることのない共生社会の実現を目指しています。

68 PISA（ピサ）

ＯＥＣＤ（経済協力開発機構）が進める「Programme for International Student Assessment」と称する国際学力調査のことをいいます。その目的は、義務教育修了段階（15歳）において、これまでに身に付けてきた知識や技能を、実生活の様々な場面で直面する課題にどの程度活用できるかを測るところにあり、読解力、数学的リテラシー、科学的リテラシーの3分野を調査します。２０００年から3年ごとに実施しています。日本では、高等学校等の1年生（抽出）が対象になっています。

69 PTA・青少年教育団体共済法

２００６年4月施行の改正保険業法により、新たな制度共済の仕組みを設けるための立法措置がなされたものです。PTAと青少年教育団体が、その主催する活動等における青少年等の災害について共済事業を行うことができるものとしています。

70 へき地教育振興法

教育の機会均等及び山間地、離島等のへき地における教育の実態を踏まえて、へき地における教育を振興するために市町村・都道府県・文部科学大臣の任務を明らかにするとともに、へき地学校等に勤務する教職員に支給するへき地手当等の支給、国の補助などの事項を規定しています。

71　放課後子供教室

学校の余裕教室等を活用して、地域の多様な人材の参画を得て、子どもたちとともに行う学習やスポーツ・文化活動等の取組を支援する文部科学省の補助事業です。事業の主な実施主体は市町村です。具体的な活動内容は地域によって様々で、各地域が主体的に決めるものとされています。実施形態については、文部科学省・厚生労働両省の「放課後子ども総合プラン」に基づき、放課後子供教室と放課後児童クラブの一体型もあります。

72　ユニバーサル・デザイン

障がい（ハンディキャップ）の有無や年齢・性別、国籍・民族など多種多様な要因にかかわりなく、全ての人に等しく適合し、使いやすく安全で便利な建物や設備、製品などのデザインをいいます。米国のデザイナー・建築家のロン・メイスが1980年代に提唱した考え方です。日本でも、高齢化社会を背景に、公共施設や自動車、家電、各種用具の計画や設計に当たって、ユニバーサル・デザインに配慮するようになってきています。

※本文においては、法律及び条約の題名の場合を除き、「障害」は「障がい」と表記している。

公益社団法人　日本ＰＴＡ全国協議会

■ 綱　領 ■

公益社団法人日本PTA全国協議会は、教育を本旨とし、特定の政党や宗教に偏ることなく、小学校及び中学校におけるPTA活動を通して、わが国における社会教育、家庭教育の充実に努めるとともに、家庭、学校、地域の連携を深め、児童・生徒の健全育成と福祉の増進を図り、もって社会の発展に寄与することを目的とする。

基本的な視点

教育改革に主体的な取組み

子どもたちの心身ともに健全な成長を図るため、社会の変化に対応した教育改革等に主体的に取り組み、全国のPTA会員とともに、新たな時代の要請に応える ＰＴＡのあり方を探求し、社会教育関係団体の一員としての責任を果たしていく。また、ＰＴＡ全国組織として、ＰＴＡの存在意義を明確にし、組織運営のあり方など活性化方策を構築し、その普及啓発を進めていく。

家庭における教育力の向上

子どもたちの教育の原点は家庭にあることを再確認し、保護者としての意識を高め、責任を果たし、子どもとともに成長していく。加えて、学校教育・地域教育についての理解も深めつつ、家庭における教育力の向上を目指していく。

いのち・人権の大切さを強く訴える

子どもたちを取り巻く様々な問題の現実を深刻に受け止め、いじめ、非行及び不登校等の防止に努めると同時に「いのち」の尊さと「人権」の大切さを強く訴えていく。

また、ケータイ・スマートフォンのメールやインターネットの正しい知識の啓発と情報モラル向上に努めていく。

子どもたちの健全育成

子どもたちの社会環境や自然環境を守り親しむこころを培うとともに、国際理解を深め、平和を願う地球市民の育成を目指していく。

子どもたちの安心・安全

子どもたちの安全・安心を社会全体で見守っていくことができるようなより良い生活環境づくりを目指していく。

連携・協力

上記を達成するため、関係する府省や機関等との連携・協力を一層密にするとともに、家庭、学校及び地域の幅広いかつ力強い連携と融合を進めていく。

■公益社団法人日本ＰＴＡ全国協議会の運営組織

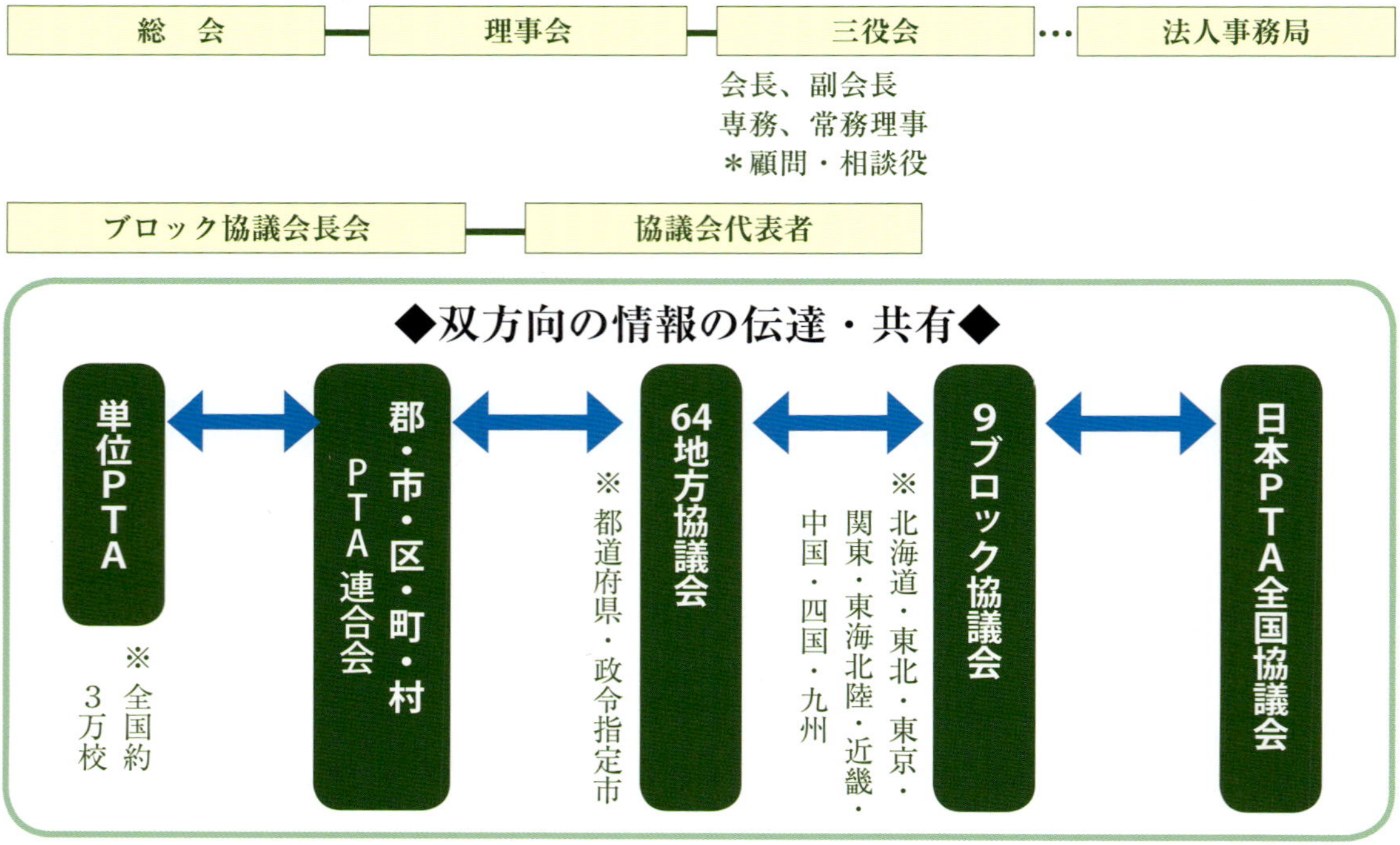

（平成30年5月31日現在）

■ブロックＰＴＡ協議会

ブロックＰＴＡ協議会の名称	地方協議会（都道府県・政令指定市）
北海道ブロックＰＴＡ協議会	北海道、札幌市
東北ブロックＰＴＡ協議会	青森県、岩手県、宮城県、仙台市、秋田県、山形県、福島県
東京ブロックＰＴＡ協議会	東京都小、東京都中
関東ブロックＰＴＡ協議会	新潟県、新潟市、茨城県、栃木県、群馬県、埼玉県、さいたま市、千葉県、千葉市、神奈川県、川崎市、横浜市、相模原市、山梨県、長野県、静岡県
東海北陸ブロックＰＴＡ協議会	愛知県、名古屋市、三重県、岐阜県、富山県、石川県、福井県
近畿ブロックＰＴＡ協議会	滋賀県、京都府、京都市、大阪府、大阪市、兵庫県、神戸市、奈良県、和歌山県
中国ブロックＰＴＡ協議会	鳥取県、島根県、岡山県、広島県、広島市、山口県
四国ブロックＰＴＡ協議会	徳島県、香川県、愛媛県、高知県
九州ブロックＰＴＡ協議会	福岡県、北九州市、福岡市、佐賀県、長崎県、熊本県、熊本市、大分県、宮崎県、鹿児島県、沖縄県

公益社団法人日本ＰＴＡ全国協議会定款

第１章　総　則

（名　称）

第１条　この法人は、公益社団法人日本ＰＴＡ全国協議会と称する。

（事務所）

第２条　この法人は、事務所を東京都港区に置く。

第２章　目的及び事業

（目　的）

第３条　この法人は、教育を本旨とし、特定の政党や宗教に偏ることなく、小学校及び中学校におけるＰＴＡ活動を通して、わが国における社会教育、家庭教育の充実に努めるとともに、家庭、学校、地域の連携を深め、児童・生徒の健全育成と福祉の増進を図り、もって社会の発展に寄与することを目的とする。

（事　業）

第４条　この法人は、前条の目的を達成するため、教育を本旨とする民主的団体として、目的を同じくする他の団体及び機関の活動に協力することを基本方針とし、次の事業を行う。

（１）社会教育、家庭教育及びＰＴＡ活動の資質向上に資する研究大会、講演会、研修会等の開催及び調査研究

（２）青少年の健全育成及び福祉増進に資する情報資料の収集及び提供、広報活動

（３）青少年の国内交流及び国際交流

（４）機関紙並びに社会教育、家庭教育及びＰＴＡ活動に関する図書・資料の刊行

（５）この法人の目的に沿い顕著な業績を上げたＰＴＡその他の団体及び個人の顕彰

（６）教育関係の支援を必要とする子どもたちのためのＰＴＡの助成

（７）その他この法人の目的を達成するために必要な事業

２　前項の事業は、日本全国において行う。

第３章　会　員

（会員の種別）

第５条　この法人の会員は、次のとおりとし、このうち正会員をもって一般社団法人及び一般財団法人に関する法律（以下「一般社団・財団法人法」という。）上の社員とする。

（１）正会員

この法人の目的に賛同して、入会した各都道府県及び政令指定都市に設けられたＰＴＡ協議会又は連合会（以下「地方協議会」という。）

（２）賛助会員

この法人の事業の趣旨に賛同し、主として経済的な協力援助を目的とした個人、法人、又は団体。なお賛助会員は、正会員が有する権利義務を持たない。

２　前項第1号の正会員の総会における権利については、当該地方協議会会長が、これを行使する。

３　地方協議会会長は、所属地方協議会会員の中から指定したものに総会における議決権を行使させることができる。

（入　会）

第６条　会員になろうとするものは、入会申込書をこの法人の会長に提出し、理事会の承認を受けなければならない。

（会　費）

第７条　正会員は、総会において別に定めるところにより、会費を納入しなければならない。

２　賛助会員は、総会において別に定めるところにより、賛助会費を納入しなければならない。

３　既納の会費は、原則として返還しない。

（資格の喪失）

第８条　会員は、次の事由によって、その資格を喪失する。

（１）退会したとき

（２）成年被後見人、被保佐人、被補助人、破産の宣告を受けたとき

（３）死亡し、若しくは失踪宣告を受け、又は会員である団体が解散したとき

（４）除名されたとき

（退　会）

第９条　会員が退会しようとするときは、理由を付した退会届を、この法人の会長に提出しなければならない。

（除　名）

第10条　会員が次の各号の一に該当するときは、総会において総正会員の半数以上であって、総正会員の議決権の3分の2以上の多数に当たる決議により、これを除名することができる。この場合において、当該会員に対し当該総会の日から一週間前までにその旨を通知し、かつ、総会において弁明する機会を与えなければならない。
（1）この法人の名誉を傷つけ、又はこの法人の目的に違反する行為があったとき
（2）この法人の会員としての義務に違反したとき
（3）会費を1年以上滞納したとき
（4）その他除名すべき正当な事由があるとき
2　前項により会員を除名した場合は、除名した会員に対しその旨を通知しなければならない。

第4章　役　員

（役員の種類及び定数）
第11条　この法人に、次の役員を置く。
（1）理事　　10名以上14名以内
（2）監事　　2名以上4名以内
2　理事のうち1名を会長、2名を副会長、1名を専務理事、2名を常務理事とする。
3　前項の会長をもって一般社団・財団法人法上の代表理事とし、副会長、専務理事、常務理事、その他理事会でこの法人の業務を執行する理事として選定されたものをもって同法第91条第1項第2号の業務執行理事（以下「業務執行理事」という。）とする。
4　この法人の役員は、正会員における代表者でなければならない。ただし、監事はこの限りではない。
（役員の選任及び資格）
第12条　この法人の理事及び監事は、総会の決議によって選任する。
2　会長、副会長、専務理事、常務理事、その他の業務執行理事を、理事会の決議によって理事の中から選定する。この場合において、理事会は、総会にこれを付議した上で、その決議の結果を参考にすることができる。
3　監事は、この法人の理事又は使用人を兼務してはならない。

（役員の任期）
第13条　理事の任期は、選任後1年以内に終了する事業年度のうち最終のものに関する定時総会の終結の時までとする。
2　監事の任期は、選任後2年以内に終了する事業年度のうち最終のものに関する定時総会の終結の時までとする。
3　補欠として選任された理事又は監事の任期は、前任者の任期の終了する時までとする。
4　増員した理事の任期は、他の理事の残任期間と同一とする。
5　理事又は監事は、第11条に定める定数に不足が出るときは、任期の満了又は辞任により退任した後も、新たに選任された者が就任するまで、なお理事又は監事としての権利義務を有する。
（役員の解任）
第14条　役員は、総会において総正会員の半数以上であって、総正会員の議決権の3分の2以上の多数に当たる決議により、これを解任することができる。
（理事の職務権限）
第15条　理事は、理事会を構成し、本定款の定めるところにより、この法人の職務を執行する。
2　会長は、この法人を代表し、その業務を執行する。
3　副会長は、会長を補佐し、この法人の業務を執行する。
4　専務理事は、会長及び副会長を補佐し、理事会の決議に基づき、総会の決議した事項及び日常の会務を統括する。
5　常務理事は、会長の指示を受けて会務を分担処理する。
6　理事は、定款並びに総会及び理事会の決議を遵守し、この法人のために忠実にその職務を遂行しなければならない。
7　会長、副会長、専務理事、常務理事、その他の業務執行理事は、3ヶ月に1回以上、自己の職務の執行状況を理事会に報告しなければならない。
（監事の職務権限）
第16条　監事は、理事の職務の執行を監査し、法令で定めるところにより、監査報告を作成する。
2　監事は、いつでも理事及び使用人に対して事業の報告を求め、この法人の業務及び財産の状況の調査をすることができる。

（監事の理事会への報告義務）
第17条　監事は、理事が不正の行為をし、若しくは当該行為をするおそれがあると認められるとき、又は法令若しくは定款に違反する事実若しくは著しく不当な事実があると認めるときは、遅滞なく、その旨を理事会に報告しなければならない。
（監事の理事会への出席義務等）
第18条　監事は、理事会に出席し、必要があると認めるときは、意見を述べなければならない。
2　監事は、前条に規定する場合において、必要があると認めるときは、会長に対し、理事会の招集を請求することができる。
3　前項の規定による請求があった日から5日以内に、その請求があった日から2週間以内の日を理事会の日とする理事会の招集通知が発せられない場合は、その請求をした監事は、理事会を招集することができる。
（監事の総会に対する報告義務）
第19条　監事は、理事が総会に提出しようとする議案、書類、電磁的記録その他の資料を調査しなければならない。この場合において、法令若しくは定款に違反し、又は著しく不当な事項があると認めるときは、その調査の結果を総会に報告しなければならない。
（監事による理事の行為の差し止め）
第20条　監事は、理事がこの法人の目的の範囲外の行為その他法令若しくは定款に違反する行為をし、又はこれらの行為をするおそれがある場合において、当該行為によってこの法人に著しい損害が生ずるおそれがあるときは、当該理事に対し、当該行為をやめることを請求することができる。
（役員の報酬等）
第21条　理事及び監事は無報酬とする。
2　理事及び監事には、その職務を行うために要する費用の支払をすることができる。

第5章　顧問及び相談役

（顧問及び相談役）
第22条　この法人に顧問及び相談役を置くことができる。
2　顧問及び相談役は、理事会の承認を経て、会長が委嘱する。
3　顧問は、この法人の前会長を資格要件とし、重要な会務について会長に意見を述べる。
4　相談役は、この法人の正副会長経験者および学識経験者を資格要件とし、会務について、会長の諮問に応じる。
5　顧問及び相談役の任期は1年とする。ただし再任を妨げない。
6　顧問及び相談役は無報酬とする。

第6章　総　会

（総会の構成）
第23条　この法人の総会は、正会員をもって構成する。
（総会の種類）
第24条　この法人の総会は、定時総会、臨時総会の2種類とする。
2　前項の定時総会及び臨時総会をもって、一般社団・財団法人法上の社員総会とする。
（総会の開催）
第25条　定時総会は、毎年度6月に1回開催する。
2　臨時総会は、理事会が必要である旨決議した場合に開催する。
3　総正会員の5分の1以上の議決権を有する正会員は、会議に付すべき事項及び招集の理由を示して、総会の招集を会長に請求することができる。
（総会の招集）
第26条　総会は、理事会の決議に基づき会長が招集する。ただしすべての正会員の同意がある場合には、その招集手続きを省略することができる。
2　会長は、前条第3項に規定する場合にあっては、遅滞なくその請求のあった日から30日以内の日を開催日とする臨時総会を招集しなければならない。
3　総会の招集は少なくとも会日の1週間前までに正会員に対して、総会の目的たる事項及びその内容並びに日時及び場所につき、その通知を発しなければならない。
4　会長は、予め正会員の承諾を得たときは、当該正会員に対し、前項の書面による通知の発出に代えて、電磁的方法により通知を発することができる。

（総会の議長）

第27条　総会の議長は、その総会において、出席正会員の互選により定める。

（総会の定足数）

第28条　総会の定足数は、総正会員数の過半数の出席とする。

（総会の議決）

第29条　総会の議決は、一般社団・財団法人法第49条第2項に規定する事項を除き、出席正会員の有する議決権の過半数をもって決する。

（議決権）

第30条　正会員はそれぞれ各1個の議決権を有する。

2　総会に出席しない正会員は、あらかじめ通知された事項について、他の正会員を代理人として議決権を行使することができる。この場合において、前2条の規定の適用については、出席したものとみなす。

（総会の決議事項）

第31条　次の事項は、総会の決議を経なければならない。

（1）定款の変更

（2）貸借対照表、正味財産増減計算書及びこれらの附属明細書並びに財産目録の承認

（3）役員の選任及び解任

（4）会費の額の決定及び変更

（5）会員の除名

（6）この法人の解散及び残余財産処分

（7）会員の資格及び役員の選出に関する規程の決定、変更及び廃止

（8）借入金並びに重要な財産（基本財産を含む）の処分及び譲受け

（9）役員の報酬に関する規程

（10）合併、事業の全部又は一部の譲渡又は公益目的事業の全部の廃止

（11）公益認定取消しに伴う公益目的取得財産残額の贈与

（総会の決定事項の通知）

第32条　会長は、総会終了後遅滞なくその議事の経過の要領及びその結果を正会員に書面又は電磁的方法で通知しなければならない。

（総会の議事録）

第33条　総会の議事については、法令で定めるところにより、議事録を作成する。

2　議事録には、議長及び出席した正会員のうちからその会議において選任された議事録署名人2人が署名又は記名押印しなければならない。

3　議事録は、総会の日から10年間、この法人の主たる事務所に備え置かなければならない。

第7章　理事会

（理事会の構成）

第34条　この法人に理事会を置く。

2　理事会は、全ての理事をもって構成する。

（理事会の種類）

第35条　この法人の理事会は、定例理事会及び臨時理事会の2種類とする。

（理事会の開催）

第36条　定例理事会は、2ヶ月に1回開催する。

2　臨時理事会は、次の各号の一に該当する場合に開催する。

（1）会長が必要と認めたとき

（2）会長以外の理事から会議に付議すべき事項を示して理事会の招集を請求されたとき

（3）第18条第2項又は第3項に定めるとき

（理事会の招集）

第37条　理事会は、本定款に別に定める場合のほか、会長が招集する。

2　前条第2項第2号による請求があった場合、会長はその請求があった日から14日以内に理事会を開催する通知を、その請求があった日から5日以内に発しなければならない。

3　理事会を招集する者は、理事会の1週間前までに、各理事、各監事に対し通知を発しなければならない。

4　前項の規定にかかわらず、理事会は、理事及び監事の全員の同意のあるときは、招集の手続を経ることなく開催するこ

とができる。

（理事会の議長）

第38条　理事会の議長は、その理事会において、会長又は副会長のうちから互選によりこれを定める。

（理事会の定足数）

第39条　理事会の定足数は、決議について特別の利害関係を有する理事を除く理事の過半数の出席とする。

（理事会の決議）

第40条　理事会の決議は、本定款に別段の定めがある場合を除き、出席理事の過半数をもって決する。

2　前項の規定にかかわらず、理事が理事会の決議の目的である事項について提案した場合において、理事（当該事項について議決に加わることができる者に限る。）の全員が当該提案について書面又は電磁的記録により同意の意思表示をしたときは、その提案を可決する理事会の決議があったものとみなす。ただし、監事がその提案に異議を述べたときはその限りでない。

（理事会の権限）

第41条　理事会は、本定款に別に定めるもののほか、次の各号の職務を行う。

（1）総会の決議した事項の執行に関すること

（2）総会の日時及び場所並びに議事に付すべき事項の決定

（3）本定款で総会で定めるべきものとされている以外の規程及び細則の制定、並びに変更及び廃止に関する事項

（4）他の団体への加入脱退及び出資に関する事項

（5）理事の職務の執行の監督

（6）代表理事及び業務執行理事の選定及び解職

（7）事務局長の選任及び解任

（8）前各号に定めるもののほか、この法人の業務執行の決定

2　理事会は、次に掲げる事項その他重要な業務執行の決定を理事に委任することはできない。

（1）従たる事務所その他重要な組織の設置、変更及び廃止

（2）内部管理体制の整備（理事の職務の執行が法令及び定款に適合することを確保するための体制その他この法人の業務の適正を確保するために必要な法令で定める体制の整備）

（報告の省略）

第42条　理事又は監事が理事及び監事の全員に対し、理事会に報告すべき事項を通知した場合においては、その事項を理事会に報告することを要しない。

2　前項の規定は、第15条第7項の規定による報告には適用しない。

（議事録）

第43条　理事会の議事については、法令の定めるところにより議事録を作成し、代表理事及び監事はこれに署名又は記名押印しなければならない。

第8章　委員会

（委員会の設置）

第44条　この法人はその目的達成、事業遂行のために、理事会の決議により必要な委員会を置くことができる。

2　委員の委嘱及び正・副委員長の選出については、理事会において別に定める。

（委員会の職務等）

第45条　委員会は理事会の命を受け、それぞれの所掌事項について調査研究し、並びにこの法人の主催する各種事業の立案及び実施に協力する。

2　委員会の運営に関する事項は、理事会の決議を経て、別に定める。

第9章　資産および会計

（事業年度）

第46条　この法人の事業年度は、毎年4月1日に始まり、翌年3月31日に終わる。

（資産の構成）

第47条　この法人の資産は次に掲げるものをもって構成する。

（1）設立当初の財産目録に記載された財産

（2）会費収入

（3）資産から生ずる収入

（4）事業に伴う収入

（5）寄付金品

（6）その他の収入

（資産の支弁）

第48条　この法人の事業遂行に要する経費は、資産を持って支弁する。

（会計区分）

第49条　この法人の会計は、理事会の決議により別に定める経理規程による。

（事業計画及び収支予算）

第50条　この法人の事業計画書、収支予算書、資金調達及び設備投資の見込みを記載した書類については会長が作成し、毎事業年度開始の日の前日までに理事会の承認を受けなければならず、その後直近に開催される総会において報告するものとする。これを変更する場合も同様とする。

2　前項の書類については、この法人の主たる事務所に当該事業年度が終了するまでの間備え置き、一般の閲覧に供するものとする。

（事業報告及び決算）

第51条　この法人の事業報告及び決算については、毎事業年度終了後、会長が次の書類を作成し、監事の監査を受けた上で、理事会の承認を受けなければならない。

（1）事業報告
（2）事業報告の附属明細書
（3）貸借対照表
（4）損益計算書（正味財産増減計算書）
（5）貸借対照表及び損益計算書（正味財産増減計算書）の附属明細書
（6）財産目録

2　前項の承認を受けた書類は、定時総会に提出し、第1号及び第2号の書類についてはその内容を報告し、その他の書類については承認を受けなければならない。

3　第1項の書類については、毎事業年度の経過後3ヶ月以内に行政庁に提出しなければならない。

（公益目的取得財産残額の算定）

第52条　会長は、公益社団法人及び公益財団法人の認定等に関する法律施行規則第48条の規定に基づき、毎事業年度、当該事業年度の末日における公益目的取得財産残額を算定し、第54条第2項第5号の書類に記載するものとする。

（会計原則）

第53条　この法人の会計は、一般に公正妥当と認められる会計の慣行に従うものとする。

第10章　管　理

（備え付け帳簿及び書類）

第54条　定款、会員名簿を主たる事務所に備え置き、一般の閲覧に供するものとする。

2　次の書類を主たる事務所に5年間備え置き、一般の閲覧に供するものとする。

（1）理事及び監事の名簿
（2）財産目録
（3）事業報告書及び収支計算書等の計算書類
（4）監査報告
（5）運営組織及び事業活動の状況及びこれらに関する数値のうち重要なものを記載した書類
（6）その他法令で定める帳簿及び書類

（事務局）

第55条　この法人の事務を処理するために事務局を置く。

2　事務局に関する事項は、理事会の決議を得て、会長が別に定める。

第11章　情報公開及び個人情報の保護

（情報の公開）

第56条　この法人は、公正で開かれた活動を推進するため、その活動状況、運営内容、財務資料等を積極的に公開するものとする。

2　その他、情報公開に関する必要な事項は、理事会の決議により別に定める情報公開規程による。

（個人情報の保護）

第57条　この法人は、業務上知り得た個人情報の保護に万全を期するものとする。

2　個人情報の保護に関する必要な事項は、理事会の決議により別に定める個人情報保護規程による。

（公　告）

第58条　この法人の公告は、電子公告とする。

2　事故その他やむを得ない事由により、電子公告によることができない場合は、官報に掲載する方法による。

第12章　定款の変更及び解散

（定款の変更）

第59条　この定款は、総会において総正会員の半数以上であって、総正会員の議決権の3分の2以上の多数に当たる決議により変更することができる。

（解　散）

第60条　この法人は、総会において総正会員の半数以上であって、総正会員の議決権の3分の2以上の多数に当たる決議その他法令で定められた事由により解散する。

（公益認定の取消し等に伴う贈与）

第61条　この法人が公益認定の取消しの処分を受けた場合又は合併によりこの法人が消滅する場合（その権利義務を承継する法人が公益法人であるときを除く。）には、総会の決議を経て、公益目的取得財産残額に相当する財産を、当該公益認定の取消しの日又は当該合併の日から1箇月以内に、公益社団法人及び公益財団法人の認定等に関する法律第5条第17号に掲げる法人又は国もしくは地方公共団体に贈与するものとする。

（残余財産の帰属等）

第62条　この法人が清算をする場合において有する残余財産は、総会の決議により、公益社団法人及び公益財団法人の認定等に関する法律第5条第17号に掲げる法人又は国もしくは地方公共団体に贈与するものとする。

2　この法人は、剰余金の分配を行わない。

第13章　雑　則

（委　任）

第63条　この法人は、定款の運用を円滑にするため、本定款に別に定めがあるもののほか、理事会の決議を経て、施行に関する規程等を定める。

附　則

1　この定款は、平成25年4月1日から施行する。

2　この定款は、平成25年6月26日から施行する。

附　則

この定款は、平成26年4月1日から施行する。

（平成28年3月31日現在）

編集後記

平成11年7月1日に社団法人日本PTA全国協議会は「PTAハンドブック改訂版」を発刊いたしました。これは、はじめてPTA会員になった保護者や先生方、役員や委員になった方などすべてのPTA会員に役に立つ、時代に即した情報や資料をお届けし日頃の活動に役立てていただくことがその背景にありました。このハンドブックの「はじめに」のくだりには、「近年、子どもを取り巻く環境の変化はめまぐるしいものとなっています。物質的には益々恵まれていく反面、いままでは想像もつかなかった新しい問題も山積しています。」とあります。

平成28年現在において、子どもの教育や健全育成に関する様々な問題は当時も今も本質的には変わっておりませんが、通信機器やその環境は大きく変わり、大変便利になる反面、不適切な利用に端を発した問題は日々課題として表れてきます。

このように常に変化する、いわゆる「子どもを取り巻く環境」に敏感になり、適切に対応できるよう研鑽し、健全育成と教育環境を整備していくためにPTA活動は不可欠です。

平成28年3月にはPTA活動のヒントにして頂くべく、『PTA90事例　日本全国！　PTA活動運営事例集』として全国の単位PTA90の事例を紹介し発刊致しました。

この度は、PTA活動を行うにあたって、そもそもPTAは何であるのか、学校とはどう関わるのか、といった課題から、PTA会長の挨拶文までPTAにまつわる様々なヒントになるようにマニュアルとして1冊にまとめ、PTA役員・委員の皆様に共通する疑問・悩みに対しお応えできるものとしました。

本書でも紹介されていますが、PTAの目的は子どもの健全育成です。しかし、その「育む」側にいる保護者が学び、学んだことを実践することも同様に活動の目的であります。従って、PTA活動を行うにあたり、様々な問題にぶつかりますが、そこに向き合い乗り越えていくことも学びのひとつであると考えます。時代が変わっても子どもは変わりません。環境が変わっているのです。この変化をいち早く察知し、活動に取り入れていくことが求められるのではないでしょうか。

本書を手にされた皆様には、是非、日々の活動の参考にして頂き、益々のご活躍をご期待申し上げます。

又教育関係者・行政の皆様におかれましても、本書からの気づきを踏まえＰＴＡに関わる保護者の皆様の活動にご指導やご助言を頂きたくお願い申し上げます。
末筆ながら本書編集に際し、監修頂きました濱田博文先生にご厚誼頂きましたことに心より御礼と感謝を申し上げます。又、貴重なご助言とご尽力を頂きました株式会社ジアース教育新社の加藤勝博様をはじめスタッフの皆様、心より御礼と感謝を申し上げます。

編集委員長　東川勝哉

改訂版発刊にあたり

この度、「今すぐ役立つＰＴＡ応援マニュアル」改訂版の発刊にあたり、一部内容の追加を致しました。教育関係用語解説集、年表、挨拶文例、個人情報保護法の解説等を加筆し、挨拶文例、はＣＤ－Ｒに収録し、すぐにご活用できるように致しました。また、年表に関しても加筆し、データとしてＣＤ－Ｒに収録しております。本書を活用し、ＰＴＡの歴史を知っていただくと共に日々の活動のヒントになれば幸いです。

編集委員　佐藤秀行

編集協力者一覧

監修　濱田博文　筑波大学　人間系　教授

企画・編集　東川　勝哉　公益社団法人日本PTA全国協議会　会長

執筆
尾上　浩一　公益社団法人日本PTA全国協議会　第36代会長
安藤　大作　公益社団法人日本PTA全国協議会　平成25年度　副会長
佐藤　辰夫　公益社団法人日本PTA全国協議会　平成24年度　副会長
中村　慶治　熊本県PTA連合会　前会長
山﨑　和典　公益社団法人日本PTA全国協議会　平成25年度理事
三井久美子　山梨県PTA協議会　元会長
大田　紀子　公益社団法人日本PTA全国協議会　副会長

編集委員
執筆　寺本　充（編集委員長）　公益社団法人日本PTA全国協議会　顧問
執筆　齋藤　芳尚　公益社団法人日本PTA全国協議会　副会長
執筆　髙尾　展明　公益社団法人日本PTA全国協議会　特任業務執行理事・調査役
執筆　西村　澄子　福岡県春日市教育委員
佐藤　秀行　公益社団法人日本PTA全国協議会　参与
原口　美穂　公益社団法人日本PTA全国協議会　事務局総務主幹

改訂版
今すぐ役立つ
PTA応援マニュアル

平成 30 年 8 月 15 日　初版第 1 刷発行
令和 3 年 1 月 13 日　初版第 2 刷発行

著　作　公益社団法人日本 PTA 全国協議会
〒 107-0052　東京都港区赤坂 7-5-38
TEL 03-5545-7151
発行人　加藤　勝博
発行所　株式会社ジアース教育新社
〒 101-0054　東京都千代田区神田錦町 1-23 宗保第 2 ビル 5 階
電話 03-5282-7183　FAX 03-5282-7892
(http://www.kyoikushinsha.co.jp/)

表紙デザイン・DTP　株式会社 彩流工房　　Printed in Japan
印刷 ・ 製本　シナノ印刷株式会社
JASRAC 出　1603794-601

ISBN978-4-86371-473-1
○定価は表紙に表示してあります。